Guide
de l'amateur
de pain

Lionel Poilâne

Guide de l'amateur de pain

robert laffont

*A mon père
qui m'a appris à faire
le pain des humains*

*A ma grand-mère
qui les appelait
les bêtes à pain*

Introduction

Il y a des gens et des choses qu'on ne présente pas. Trop familiers, ils sont au-delà ou en deçà de toute découverte. Le pain appartient à cette catégorie. Symbole de nourriture, donc de vie, il est lié à notre vie, si quotidiennement, si étroitement qu'on croit tout savoir à son sujet.

Pourtant ce pain, riche de qualités nutritionnelles, lourd de passé et de signification, a bien des choses à nous dire, à nous apprendre, des questions à poser ; dans un sens, il nous interroge. Si Dieu a créé l'homme, c'est l'homme qui a inventé le pain : entre Dieu, l'homme et le pain, il y a continuité, sinon hiérarchie. Le pain est la seule substance fabriquée commune à toute civilisation, l'air et l'eau étant « donnés ». Sous une forme ou sous une autre, galette, miche, tortilla, etc., on le retrouve partout où l'homme a vécu.

Les archéologues exhument des traces de panification, ou de traitement des céréales, dans tous les endroits où l'homme a laissé des vestiges. On ne vit pas que de pain, mais on n'a jamais, depuis que l'homme a adopté la position verticale, vécu sans lui.

On sait peu de chose de l'origine de l'homme et de l'origine du pain cuit. Cette incertitude commune nous rapproche encore de ce produit de toujours. L'histoire de l'homme et celle du pain, leur lente et constante évolution, étalée sur d'immenses plages de temps, semblent inscrites

dans la même courbe ascendante. *Le chemin parcouru
ensemble s'imagine assez bien : l'homme primitif avalait
des graines recueillies au fil de ses errances ; son descendant
sélectionna les graines ; le sédentarisme aidant, la culture
se perfectionna, ses méthodes se décantèrent, on apprit à
conserver les graines pendant la mauvaise saison, dans des
silos de terre, on utilisa bientôt des outils, hérités du bâton
fouisseur. Dans cette lente évolution, le feu, bien sûr, cette
âme seconde des boulangers, joua un rôle déterminant.*

Plus près de nous, événement majeur dont les historiens,
les anthropologues, les sociologues, etc., n'ont jamais
sous-estimé l'importance, c'est la mouture. Cet acte simple
d'écraser du blé marque un des grands tournants de notre
histoire technologique et industrielle. La combinaison de
la fermentation avec l'ensemble de ces découvertes annonce
la phase moderne de l'évolution : le pain, le nôtre, n'a plus
guère changé et ne changera plus.

Certains ont même cru discerner dans cet aspect fixe,
définitif, le révélateur d'une sorte de médiocrité technologique de notre corporation, illustrant cette pensée d'un
théologien du XIXe siècle selon lequel un des graves
problèmes de notre temps viendrait de la difficulté, pour
les esprits, de suivre la prodigieuse évolution des machines.
Intimement liés, l'homme et le pain finiraient par souffrir
dans leur relation ? Figé dans sa fabrication depuis la fin
du siècle dernier, le pain d'aujourd'hui ne serait plus digne
de l'homme qui a maîtrisé l'atome et navigue dans le
cosmos ? On me permettra de m'inscrire en faux contre cette
vision des choses, qui comporte pourtant une part de vérité.

J'ai beaucoup réfléchi, et ne cesse de réfléchir à ces
questions. J'ai pour le pain une passion accaparante.
J'appartiens à une famille de boulangers de Mayenne et
de Normandie : là-bas, curieusement, sur quatre Poilâne,
il y a un boulanger. J'ai appris à faire le pain à quatorze
ans, dans la boulangerie paternelle, rue du Cherche-Midi,
à Paris, qui est toujours la maison-mère de l'entreprise :
c'est de cette petite boulangerie que nos pains, aujourd'hui,
partent pour Tokyo, Berlin, Londres ou Riyad. Des pains
toujours préparés selon la méthode traditionnelle : farine

de meule, fermentation naturelle, cuisson au four à bois sans autre intervention que la main de l'homme. Du pain qui mérite son nom.

Très vite vers dix-huit ans, aidé par mon père, j'ai ressenti le potentiel et les faiblesses de ce métier, ses aspects artistiques, symboliques, abstraits. Je constatai que le modernisme, la facilité, le progrès constituaient des menaces. Il est certain que, dans son ensemble, la qualité ne s'améliore pas et aurait même tendance à faire des bonds de côté. Pour m'en convaincre, il me suffit d'observer, de goûter, et d'écouter ce qu'on dit autour de moi. Il est certain qu'à notre époque de progrès, d'ultra-technologie, en un temps où tant de produits alimentaires s'améliorent, le pain ne participe pas vraiment à cette fête de l'art de vivre. La boulangerie artisanale française se serait-elle mise elle-même au ban des progrès ? Je reviendrai sur ce problème.

Dans le même temps, j'observe que, dans le monde entier, l'intérêt pour le pain augmente. En Chine, récemment, invité à parler du pain à l'Université de Shangaï, j'ai découvert avec une certaine surprise que le gouvernement populaire avait entrepris une grande campagne, dirigée surtout vers les jeunes, les engageant à remplacer progressivement le riz par le pain ! Un peu plus tard, une délégation de seize membres, dont un représentant du ministre du Commerce intérieur chinois, est venue à Paris étudier mes méthodes et observer mon installation. Leurs curiosités n'étaient pas tellement différentes de celles des Français ou des Américains : comment, pourquoi, jusqu'à quand peut-on faire son pain soi-même... C'est ce qui m'a donné l'idée de ce livre.

Dans la première partie, je propose une visite guidée de ce monde de farine, de feu et d'eau, qui est la matrice du pain : qu'est-il, comment et à partir de quoi se fabrique-t-il ? Quelles sont les conditions pour qu'il soit bon, qu'il se conserve bien, qu'il se digère sans difficulté ? Au passage, je vous expliquerai pourquoi, souvent, il est de mauvaise qualité. Quels adjuvants y ajoute-t-on ? Quelles sont les différentes façons de faire le pain, et comment arrive-t-on aux produits qui vous sont proposés, de la baguette au pain industriel, en passant par le pain traditionnel, celui que je fabrique ? Quelles sont les différentes formes de cuisson, et la cuisson au bois est-elle la meilleure ? Et pourquoi ? Quels sont les avantages de la main, par rapport à la machine ?

Je vous montre dans cette première partie ce qu'est le pain, comment l'apprécier, le choisir. Comment le couper, le préparer, le présenter. Comment le conserver, comment l'harmoniser avec les plats qui garnissent votre table. Je vous dirai les meilleurs moyens de le griller, et quel rôle il peut jouer en cuisine : je vous communique des recettes à base de pain, sans oublier ces méconnus, ces parents pauvres, les sandwiches et les tartines. Vous découvrirez l'étonnante richesse du pain, et ses possibilités inexploitées. Je présente le dossier diététique du pain, en m'appuyant sur les meilleurs spécialistes : vous saurez – enfin – si le pain fait grossir ou non, et dans quelles conditions. Ceux qui souhaitent faire eux-mêmes leur pain – leur nombre est en augmentation, surtout aux États-Unis – trouveront les réponses précises aux questions qui les préoccupent : je donne toutes les indications nécessaires pour faire son pain dans sa cuisine (c'est possible), ou dans un four, à la campagne (c'est préférable et ce n'est pas si compliqué à construire).

Dans la seconde partie de ce livre, je m'emploierai à dire ce qu'est le métier de boulanger, comment je l'exerce, et quels enseignements j'en ai tirés. Je ne sais pas s'il existe une vocation boulangère, mais je suis sûr que certains hommes naissent avec une « compétence spontanée », sorte de savoir accumulé à travers les siècles, transmis par atavisme, et aussitôt utilisable. Un détail : j'ai observé que ces boulangers naturels étaient presque tous originaires d'un triangle approximativement délimité par les villes de Poitiers, Rouen et Brest. Ces boulangers d'instinct n'ont besoin que d'un très court apprentissage : ils en savent plus que certains ouvriers chevronnés ou bien ce qu'ils savent ne peut s'acquérir par la pratique ! J'ai connu un boulanger qui avait été plombier jusqu'à trente-huit ans ; sa maîtrise était totale. En revanche, il me souvient d'un compagnon de quarante ans, avec vingt-cinq ans de métier, à qui toute finesse continuait d'échapper, et qui ne pouvait confectionner seul du bon pain.

Dans la troisième partie, je dis la légende du pain, et je décris des aspects (parfois surprenants) d'un produit fini,

essentiel, simple et ultra-élaboré, qui dépasse largement sa réalité matérielle. Le pain s'est chargé de significations et de symboles de toutes sortes, religieux, sexuels. Le pain joue un rôle important dans la survie de l'espèce : avec du pain et de l'eau, l'homme peut affronter tous les dangers. Mais le pain est plus que cet aliment suffisant : il est devenu le véhicule d'une longue série d'abstractions. A tel point qu'il lui arrive de n'être plus qu'une notion totalement dépourvue de signification matérielle et de devenir en quelque sorte l'expression même de son contraire. Pratiquement tous les sentiments et situations psychologiques peuvent être évoqués

*en français à travers le pain. Quelques exemples : les
qualités de cœur (bon comme du bon pain); l'orgueil
(promettre plus de beurre que de pain); la violence (faire
passer le goût du pain); le courage (avoir du pain sur
la planche); la mélancolie (long comme un jour sans pain),
etc. Comme sur notre table, le pain s'est installé dans notre
langage et notre inconscient. Quel enfant n'a pas redouté
d'être mis au pain sec et à l'eau ? Et quel homme n'a jamais
pensé, au soir de sa vie, que les siens « n'avaient jamais
manqué de pain » ? Le pain a une double réalité, matérielle
et abstraite.La distance entre les deux est extrême.*

*Dans la dernière partie, je communique les résultats d'une
recherche qui m'a amené à interroger près de 10 000
boulangers en France, en Belgique et en Suisse.*

*Je suis entré en relation avec plus d'un tiers des artisans
boulangers de notre pays, et leur ai demandé de me donner
tous les renseignements en leur possession ou, dans le cas
de boulangers retraités ou très âgés, de faire revivre les
souvenirs enfouis dans leur mémoire sur les pains régionaux
existants ou disparus.*

*Une telle enquête n'avait jamais été réalisée, et nul sans
doute n'y avait songé avant moi. A la décharge de la
profession, je dois souligner que les boulangers ne sont pas,
en règle générale, traditionalistes. Ils s'intéressent peu au
passé. Il faut tenir compte également du fait que notre
profession, très diversifiée jadis, pleine de particularités et
de produits locaux, de variétés, s'est unifiée, standardisée,
surtout depuis la fameuse disposition du gouvernement de
Vichy contraignant le boulanger à fabriquer un produit
unique afin de faciliter les contrôles. Par la suite,
l'utilisation des machines a renforcé cette standardisation.*

*Nous avons interrogé tous les artisans que nous avons
localisés, ou retrouvés, dans les grandes villes, les bourgades
et les villages, jusqu'à quinze villes par département,
choisies par ordre d'importance, ce qui m'a permis de
pénétrer dans l'intimité de la vie boulangère et de sauver
de l'oubli des variétés. Commencée avec une certaine
inquiétude, sinon un certain scepticisme, cette quête a été
une expérience extraordinaire et a donné des résultats*

inespérés : j'ai identifié plus de soixante-dix pains spécifiques, c'est-à-dire particuliers dans leur composition, leur fabrication, leur présentation. Certains, plus d'une vingtaine, se fabriquent, se vendent et se consomment toujours, comme le pain-cordon en Côte-d'Or, ou le pain « ravaille », dans les Pyrénées. Je les ai « radiographiés » et je les présente avec leur fiche d'identité, les adresses où on peut se les procurer. Ils sont intéressants ; le pain régional existe, et s'il ne présente pas un échantillonnage et des variations de base aussi importantes que nos fromages, il vaut le voyage.

Les autres, ceux qui sont tombés dans l'oubli, je les ai fabriqués, chez moi, à Paris, suivant les recettes que j'ai recueillies, et dans les conditions exactes qui m'ont été communiquées. Si nos pains régionaux valent le déplacement, ce pas en arrière vaut lui aussi un coup d'œil.

Guide du pain

Qu'est-ce que le pain ?

Plus les questions sont simples, plus il est difficile d'y répondre simplement. Je dirai d'abord que le pain est un produit destiné à la consommation, fermenté et cuit. Un peu plus précisément : un produit à base de farine céréalière, d'eau, de sel et nécessairement d'un agent levant, ou levain.

Le pain est l'aliment le plus banal, mais aussi un des plus complexes qui soient.

Le plus banal, parce que le plus répandu sur notre planète : c'est la base de l'alimentation de la quasi-totalité des humains. Le plus complexe, car cet aliment universel s'appuie sur des sources céréalières très variées, est issu de techniques de fabrication qui n'ont rien en commun, et s'offre au consommateur sous les formes les plus diverses. Dernier point : le pain est au centre d'un immense domaine diététique, gastro-nomique et biologique.

Sous l'éclairage de l'hexagone, le pain est l'aliment roi ; chaque Français mange en moyenne son propre poids de pain en une année. Pour les amateurs de statistiques, cela représente 170 grammes de pain par jour. La consommation quotidienne, dans ce pays, est de 8 500 tonnes de pain.

Si je devais répondre à la question : qu'est-ce que le pain ? par des notions abstraites, je dirais que le pain est le produit alimentaire le plus utile au sens diététique, le plus riche de possibilités au sens gastronomique et aussi le plus discret, le moins connu. A force d'en manger, on l'a perdu de vue et d'imagination.

Au plan sémantique et légal, a droit au nom de pain tout produit fait d'un mélange d'eau et de farine dans des proportions fixées par un boulanger, et cuit avant d'être proposé à la consommation. C'est la définition de la loi de 1963. Selon cette définition, le pain peut aussi contenir un agent levant, c'est-à-dire une levure (ferment exogène, obtenu par culture, éventuellement industrielle) ou un levain (ferment sauvage, du type moisissure). A noter que sans fermentation, il n'y a pas d'art de la boulangerie et pas de pain au sens gastronomique.

Ces quelques notions établies, on peut collectionner les définitions, plus ou moins approximatives. J'ai tout entendu sur la nature du pain ou les analogies qu'il suscite, et même que le pain était de la bière solide (la bière étant par voie de conséquence du pain liquide). Ce qui d'ailleurs n'est pas totalement faux, les deux produits ayant en effet, sous différents aspects, de nombreux points communs.

Choisir son pain

Il n'y a pas du bon et du mauvais pain. Ce serait trop simple. A part un certain nombre d'erreurs à éviter, au niveau de l'achat et à celui de la consommation tout est permis. Définir le bon et le mauvais pain me semble impossible, et d'ailleurs sans objet. Le bon pain est

COMMENT
CHOISIR LE PAIN ?

❖ *Ne pas acheter un pain dont la croûte se décolle massivement par plaque en le pressant.*

❖ *Aspect : Préférez un pain dont la croûte est relativement épaisse.*

❖ *Votre choix ne doit pas porter sur un pain trop léger par rapport à son volume.*

❖ *Choisissez une mie dont la couleur ne soit pas trop blanche. Au nez, votre pain doit avoir une « identité » : une légère acidité vaut mieux que fadeur simpliste ; l'odeur doit être agreste plutôt que cotonneuse.*

❖ *Avec les huîtres, ne prenez pas de pain complet mais du seigle.*

❖ *Ne pas servir les fromages (pâtes fermentées) avec des pains parfumés (paprika, cumin, etc.).*

❖ *Ne pas servir du foie gras avec des toasts de pain de mie, mais plutôt avec un pain baguette grillé, ou mieux, un pain au levain en tranche.*

❖ *S'abstenir de manger une fondue avec de la baguette, choisir un pain bis, plus dense, plus rustique et plus fruité.*

évidemment celui que vous aimez : le sens différent que
chacun prête aux mots fait rapidement apparaître la
vanité des formules toutes faites.

Le Comité de propagande du pain a donné une
définition du bon pain : « croûte craquante, mie fon-
dante », formule qui n'est pas vraiment satisfaisante.

En revanche, on peut affirmer sans risque de se
tromper que l'insipidité et la fadeur sont les marques
d'une mauvaise qualité ; que le rassissement rapide en
est une autre. La densité extrêmement faible de certains
pains, qui les rend ultra-légers, est neuf fois sur dix
révélatrice de médiocrité. Notez que le rapport de
volume entre la mie et la croûte ne donne pas
d'indications qualitatives, mais révèle seulement une
différence de nature.

Pour choisir un pain de préférence à un autre,
fiez-vous à votre intuition, à votre instinct. Méfiez-vous
du trop compliqué, de l'attrape-nigaud, du faux pain de
luxe, ou du pain déguisé. Mon premier réflexe est de
respirer le pain qu'on me propose. Faites comme moi ;
très vite, vous apprendrez à sentir la qualité d'un pain
comme un professionnel.

Le savoir-manger

On me pose souvent la question : doit-on varier les pains suivant les mets que l'on choisit ou que l'on propose à ses invités ? Existe-t-il des alliances entre certains aliments et certaines qualités de pain ?

Je sais que de respectables penseurs se sont penchés sur ces problèmes, et qu'ils ont parfois même dicté des « règles d'or » de la consommation du pain. Il me souvient avoir lu qu'il fallait servir, avec du poisson frit..., du pain ultra-blanc-blanc, avec de la salade..., de l'ultra-blanc, avec du poisson meunière..., du blanc-mi-blanc, avec de l'agneau, du cabri..., du mi-blanc-bis...

Je m'arrête là car ce type de démarche m'irrite. Je n'ai aucun goût pour ce genre d'affirmation péremptoire à effet restrictif. Dans ce champ de plaisirs subtils, les grands prêtres m'ennuient souverainement.

Je pense que le pain a une dimension universelle qui le met à l'abri de ce genre de codification. Le pain est généreux et l'enfermer dans des règles strictes relève pour moi de l'opportunisme. Dussé-je me brouiller avec ces penseurs de la consommation, d'un curieux « savoir-vivre », je mets en doute leurs « lumières » venues d'en haut qui ne s'appuient sur aucune tradition, et je réserve les droits du subjectif, de la fantaisie, de la liberté. Pour vous convaincre, prenez une tartine de pain du type que je fais, large comme la moitié de la main, épaisse comme le petit doigt, dont la couleur est bise, pas trop fraîche, d'un parfum légèrement acidulé et d'une texture pas trop serrée, mais sans grands trous. Et puis...

✳ *Premier cas.*

Vous la mangez avec du beurre salé, comme une tartine d'écolier (rappelez-vous !). C'est un repas en soi, et c'est d'ailleurs ainsi que l'ont consommée des générations de gamins. Un repas complet, suffisant, un modèle de simplicité.

✳ *Deuxième cas.*

Mangez cette même tartine avec un plat élaboré, mais

rustique, cassoulet, coq au vin, bourguignon, etc. Observez leur complémentarité : solide, pratique, cette tranche de miche accompagne le plat, le soutient et le prolonge.

✳ *Troisième cas.*
    Grillée, cette même tartine est présentée avec un produit aussi délicat que du foie gras par exemple. Il n'y a pas de faute : le pain grillé s'adapte parfaitement à la finesse du foie gras ou du saumon. Avec le foie gras, l'acidité issue de la fermentation naturelle dégage au grillage un parfum qui active la qualité gustative des papilles, et accroît les sensations.

    Dans les trois cas, le même pain a joué à la perfection un rôle différent : nourricier, accompagnateur et présentateur ! C'est ce que je voulais démontrer.
    Dans ce contexte de tolérance, de liberté et d'improvisation, il y a pourtant un certain nombre de conseils à suivre, et d'alliances que je préconise.

✳ *Changez de pain, de temps en temps.* Hauteroche a écrit : « C'est une étrange chose que de ne manger que d'un pain ; on s'en fatigue à la fin. » Ce n'est pas une pensée géniale, mais elle a le mérite d'avoir été formulée.

✳ *La baguette de pain très blanc,* spécialité française, n'a rien d'un monument, au plan gastronomique. Cette célèbre baguette, best-seller toutes catégories, qu'on appelait jadis « pain fantaisie » peut être *attirante,* mais n'est jamais *émouvante.* C'est en réalité une fantaisie banale, très parisienne, dans le mauvais sens de l'expression. La baguette croustillante atteint vite ses limites, elle est incompétente pour accompagner des plats solides, rustiques, comme la fondue savoyarde ou le bœuf en daube. On doit faire appel alors à d'autres pains d'une plus grande universalité.

✳ *Veillez à l'épaisseur des tranches (ou morceaux).* On ne doit pas couper le pain longtemps à l'avance (dix minutes avant consommation, si possible) et il faut éviter le couteau à dents de scie très acérées, formateur de mini-boulettes qui pénalisent le goût du pain. Le goût varie aussi selon l'épaisseur des tranches. En architecture, en aérodynamique et dans tous les domaines, la taille des projets modifie la nature de leur réalisation et ce phénomène s'applique aussi à la cuisine : on ne met pas dix fois plus de beurre dans un plat s'il y a dix fois plus d'invités, et il est impossible de réussir une choucroute pour une seule personne ! Le pain n'échappe pas à cette règle. A mon avis, les pains plutôt gros sont meilleurs que les pains très petits. Ce phénomène s'explique d'ailleurs au niveau de la fermentation qui se déclenche mieux et plus facilement dans un volume important. C'est une des nombreuses raisons pour lesquelles il est plus difficile de faire son pain à la maison pour 5 personnes que, dans un four de boulanger, une fournée de 100 kilos de pâte. (Notons qu'en pâtisserie, c'est le contraire, les fameux petits fours, gâteaux en réduction, sont en général meilleurs, plus parfumés que les gros modèles.)

✳ *Proposez plusieurs pains ensemble.* Sur ma table, je

présente généralement, dans une corbeille, deux ou trois sortes de pains. D'abord du pain de blé, le pain de base, des tranches de miche tous usages, dont j'ai parlé plus haut. Puis du pain de seigle, céréale très parfumée, très frais au goût, qui atteint, quand il est de bonne qualité, l'intensité de certains tabacs hollandais. Le seigle doit être de couleur foncée et fermenté au levain (ce qui n'arrive pratiquement jamais). Les Romains le consommaient déjà sous le nom de *panis ostrearium*. Le pain de seigle a droit à ce nom même si on a fait le levain avec de la farine de blé : il faut savoir que c'est le seigle qui sert à faire le pain d'épice. Troisième variété dans ma corbeille : du pain de blé aux noix. C'est un mélange très réussi, que je n'ai pas inventé (comme je l'ai lu parfois), mais simplement remis en fabrication il y a une dizaine d'années ; une union d'ingrédients aussi vieille que le monde ; jadis, les paysans mangeaient du pain et des noix séparément, et c'était un repas. Ce pain est agréable avec certains fromages (pas tous) ; je l'apprécie seul, car les parfums du froment et de la noix se marient parfaitement.

Le quatrième pain est celui qu'on choisit, au hasard du jour, ou du boulanger. Pour ma part, il m'arrive d'offrir des petits pains de blé (dont la mie a une teinte légèrement rosée) ou des pains au cumin, ou encore des plaquettes de pain suédois croquant. Au-delà de trois ou quatre pains différents, on tombe dans l'excès, sauf s'il s'agit d'un repas dégustation.

✳ *Pain et fromage.* Avec le plateau de fromage, je suis partisan d'un pain unique et simple : son rôle est de discrétion et d'appui. Il est l'esprit profond, révélateur de la personnalité des fromages. Un excellent pain à fromages est le pain brié ou un pain rennais (voir pains régionaux), produits d'origine normande et bretonne.

✳ *Comment disposer le pain à table.* Il faut le présenter dans une corbeille et non pas (comme c'est souvent le cas) posé sur une serviette. La corbeille est si possible en

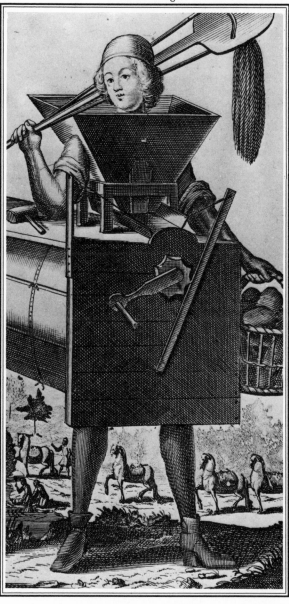

osier, matière plus chaleureuse que le métal, et que le pain connaît pour avoir été en pâte dans un berceau d'osier.

Chaque convive doit pouvoir se servir, sans avoir à demander « passez-moi le pain, s'il vous plaît ». Sur une grande table, une petite corbeille, contenant deux ou trois pains différents pour deux invités, constitue la proportion idéale.

ERREURS
À NE PAS COMMETTRE

❖ *Ne pas griller du pain frais.*

❖ *Ne pas conserver le pain en sac plastique.*

❖ *Ne pas griller le pain sur une plaque en amiante ou une plaque perforée.*

❖ *Après le toastage, enfermer le pain deux minutes pour le ressuage qui donne une bonne souplesse au toast.*

❖ *Ne pas chapeler le pain.*

❖ *Ne pas couper plus de dix minutes avant de servir.*

❖ *Ne pas griller le pain de seigle.*

Conserver son pain

Un pain de bonne qualité se conserve facilement quinze jours, si on s'astreint à observer quelques règles simples.

D'abord, lui réserver un logement adapté. Nous vivons dans un monde où chaque chose a sa place. Je m'étonne souvent de constater que, dans les cuisines ou les salles à manger, le pain est entreposé et conservé n'importe où et n'importe comment. C'est une négligence. Le pain a droit à un espace privilégié, à l'abri de l'humidité. J'ai imaginé une boîte de bois qui apporte une solution satisfaisante au problème du rangement, de la conservation et du tranchage. Grâce à mon dispositif (voir croquis) les miettes, souvent embarrassantes, restent à l'intérieur de la boîte.

Compte tenu des facilités d'approvisionnement de notre époque, cette boîte, ou tout récipient présentant les mêmes caractéristiques, me semble la meilleure formule. Il y en a d'autres. Ma grand-mère utilisait une méthode qui a fait ses preuves : elle déposait le pain sur une plaque de marbre et, après l'avoir enveloppé de papier, le recouvrait d'un linge de lin qu'elle humidifiait légèrement chaque jour.

Comme support on peut aussi choisir une planche de bois, ronde, carrée ou rectangulaire. Les bricoleurs y fixeront quatre tiges de rotin, de l'épaisseur du petit

doigt, qui supporteront deux arceaux fixes, croisés. Cette structure est destinée à recevoir un linge qui sera humidifié chaque jour. Le pain placé sous le linge doit être, comme chez ma grand-mère, enveloppé dans du papier ; il faut éviter les emballages de plastique hermétiques.

Si la miche ou le pain sont entamés, ne pas oublier de les déposer face coupée contre le bois (ou le marbre).

Pour conserver ses qualités, le pain doit respirer. La croûte et la mie ont chacune un goût spécifique, qui doit être préservé. S'il est étouffé (cas du sac plastique), le pain sera victime d'un phénomène d'osmose entre croûte et mie : la migration de l'eau de la mie vers la croûte l'amollira, et lui fera perdre sa personnalité par imprégnation.

Si, malgré toutes vos précautions, le pain que vous conservez moisit, ne vous désespérez pas. Et n'accusez pas automatiquement le boulanger. Ce peut être la conséquence d'une rencontre dans un filet à provisions, ou même au réfrigérateur, avec un fromage, par exemple. Pour vous consoler, rappelez-vous l'histoire du fromage de Roquefort, qui a les Causses pour décor ; les bergers montent et descendent de la montagne au rythme des saisons ; un berger oublia, dans une grotte, un reste de pain et un morceau de fromage. De retour sur ses hautes terres, il retrouva son sandwich moisi, d'une moisissure bleu-vert. La faim le tenaillait : malgré l'aspect peu appétissant du mélange, il le consomma – c'était le premier Roquefort – et le trouva excellent !

Il est normal que, dans certaines conditions, le pain

moisisse. Un pain qui ne moisirait jamais m'inquiéterait beaucoup ! Je me souviens d'un client, homme excellent, qui se plaignait de constater que son pain moisissait spontanément et régulièrement chez lui. En l'interrogeant, j'arrivai à la conclusion qu'il rangeait sa boîte à pain dans un placard que j'imaginais un peu humide ! Sur mes conseils, il sortit sa boîte, la lava, l'exposa au soleil et la replaça dans le placard. En pratiquant cette opération, il n'eut plus jamais à supporter de moisissure.

Doit-on mettre le pain au congélateur ?

Oui, sous certaines conditions. Si le réfrigérateur n'est pas un abri pour le pain, le congélateur peut en devenir un si on sait l'utiliser. Le pain s'y comporte relativement bien. Le froid, chacun le sait, assèche, et la déshydratation qui s'ensuit modifie légèrement, même à court terme, la nature du pain. Il faut donc, impérativement, envelopper hermétiquement le pain que vous placez au congélateur ; placez le pain dans un emballage plastique, bien fermé, si possible dans un sac soudé (le congélateur est le seul endroit où pain et plastique fassent bon ménage).

Par curiosité, j'ai fait séjourner dix ans dans un congélateur une miche de pain sans protection. A la sortie, on eût dit du papier, car toute humidité avait disparu. La miche était d'une extrême légèreté et comparable, par la densité, au pain grillé.

Dans certains cas particuliers, maison éloignée de tout centre d'approvisionnement, randonnée, croisière, etc., le congélateur peut être d'un grand secours. Le pain congelé peut parfois s'émietter au contact de la main ; sa croûte peut aussi se décoller en surface (ces signes peuvent servir à déceler à l'achat un pain qui a été conservé au congélateur). En conclusion : mangez du pain frais chaque fois que c'est possible. Ses qualités et ses vertus sont irremplaçables.

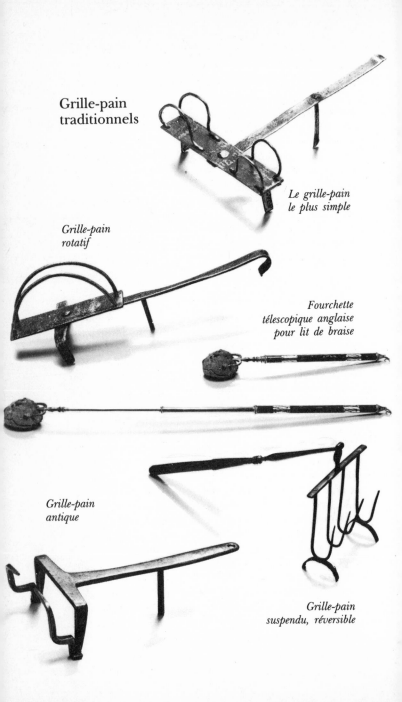

Grille-pain
traditionnels

*Le grille-pain
le plus simple*

*Grille-pain
rotatif*

*Fourchette
télescopique anglaise
pour lit de braise*

*Grille-pain
antique*

*Grille-pain
suspendu, réversible*

Griller son pain

Faire griller un bon pain est une merveilleuse façon de le valoriser. Mais, contrairement à ce que vous pensez peut-être, ce n'est pas une manipulation évidente. Combien de fois, au restaurant ou ailleurs, ai-je été déprimé, sinon révolté, par le pain grillé qu'on me proposait. Peu ou pas grillé, mal grillé, trop grillé... tout se produit. Pour obtenir de bons résultats, au petit déjeuner par exemple, il suffit de réfléchir quelques instants.

✳ D'abord, il faut savoir qu'un pain frais grille beaucoup moins facilement qu'un pain rassis. Le pain rassis prend une couleur plus appétissante, et la bonne épaisseur, pour une tranche de pain qu'on veut griller, est de 8 à 10 millimètres.

✳ Il existe beaucoup de méthodes pour griller le pain. Encore que peu pratiquée dans nos intérieurs, la meilleure consiste à faire rôtir les deux faces, successivement, sur un ... lit de braises. La captation des matières volatiles issues du fumet des braises parfume incomparablement les parois poreuses de la tranche de pain, piège à arômes.
Si vous n'avez pas de feu de braises à la maison, tournez-vous vers le grille-pain électrique. Après le feu de bois, c'est le meilleur dispositif et le plus rapide.

✳ Utilisez le plus grand modèle, à éjection automatique ; bien réglés, ces appareils ne posent pas de problèmes. Les modèles à infrarouge sont à recommander.

✳ N'utilisez jamais de plaque ronde perforée, de double épaisseur, destinée à être posée sur une flamme de gaz ; le toast s'imprègne d'une odeur désagréable. Éliminez aussi le grille-pain en amiante pour le gaz mal réglé : cela donne huit fois sur dix une désagréable odeur.

✳ Vous pouvez utiliser le four électrique.

❋ Une fois grillé, le pain doit être servi et consommé aussi vite que possible. Si un délai est inévitable, l'enfermer dans du papier d'aluminium.

L'homme grille son pain depuis très longtemps. L'habitude de griller son pain n'est pas d'origine anglo-saxonne ; en France, on grille le pain depuis longtemps, comme en témoignent les grille-pain anciens que je possède.

Faites
vous-même
votre pain

Faire son pain soi-même est chose possible : les mères de famille ont eu cette charge durant des siècles dans les campagnes françaises. Celui que vous ferez sera comme il sera... il peut difficilement être plus mauvais que le pain de certains boulangers des villes ou de province.

Faire son pain soi-même apporte des satisfactions qui font vibrer quelque part en nous des cordes mystérieusement préhistoriques. Dans la symbolique de l'imaginaire, être capable de « le faire » apporte une garantie d'approvisionnement de la « nourriture matérielle », ce qui n'est pas une mince affaire. La survivance dans nos pays n'est plus liée à ce savoir, Dieu merci, mais derrière la satisfaction intellectuelle vous découvrirez de nouvelles et différentes satisfactions gastronomiques, assez enrichissantes pour vous et votre entourage.

Tout d'abord, je considère que faire du pain dans un four de cuisine est possible, mais pour des raisons « boulangères » je ne le conseille pas. Il faut faire du pain en grosse quantité, la masse est un facteur important au développement des ferments et au maniement de la pâte en général. Plus cette quantité sera importante, meilleur sera votre pain, et plus habile sera votre main. C'est aussi affaire de sérieux : si vous faites du pain, il faut en faire pour 10-15 jours et pour votre

famille et peut-être pour des voisins. La quantité atteint vite 10-12 kg de pain, voire plus. Le pain est un aliment pour beaucoup de monde, et il décourage la fabrication égoïste. Travailler « un petit peu de pâte » ne conduit à rien.

Si vous souhaitez malgré tout faire une expérience dans votre four de cuisinière, divisez la recette par six – avec une réserve, les résultats ne sont pas mathématiques au sens linéaire du terme. Un dernier conseil : soyez empirique, interprétez et sentez physiquement les phases. Utilisez un peu mais pas trop les balances, les montres et les thermomètres, cela développera plus rapidement encore votre clairvoyance boulangère. Votre plan de travail doit être souple et votre sens de l'observation alerté. L'intuition est un outil traditionnel du boulanger, il n'y a pas de faute à en user, c'est même une voie qui permet de faire des découvertes.

L'acte presque essentiel du boulanger étant la fermentation, je vous dirai quelques mots sur la nature de celle-ci. Je conseille aux non-initiés une voie intermédiaire entre la fermentation au levain (originelle), difficile à conduire, et la fermentation à la levure (contemporaine), rapide mais moins satisfaisante. Je choisis la voie médiane utilisée couramment entre la fin du XIXe siècle et la première moitié du XXe siècle par les boulangers : il s'agit de la « poolish ».

Ce qui doit être prêt la veille au soir et stocké dans un endroit à 23-25° :

Matières premières & Ingrédients

✳ LA FARINE : 7 kg. Il est souhaitable que la farine ne soit pas trop blanche. Achetez si vous le pouvez de la farine de blé blutée type 70. Vous pouvez faire votre farine vous-même en achetant un moulin à usage ménager à la Sté Samap (Z.A. 1, rue du Moulin, B.P. 1, 68600 Andolsheim). Il existe deux modèles, électrique et manuel, le débit est excellent.

Utilisez cette farine seule ou en mélange avec une farine blanche. (Le modèle manuel est parfait pour la fabrication de la farine à bord des bateaux, car le grain, lui, se trouve partout.)

✻ L'EAU : 5 litres exactement. L'eau du robinet est convenable, une eau du type Volvic ou Évian aussi. Il va sans dire qu'une bonne eau de source ou de puits est parfaite, si on peut se la procurer.

✻ LA LEVURE : 1 sachet de levure Saflevure, de 8 grammes, lyophylisée, que vous pouvez acheter par 12 et conserver, ou 15 grammes de levure fraîche de boulanger (qui ne se conserve pas au-delà de 8-10 jours).

✻ LE SEL : 150 grammes. Utilisez du sel de mer fin. Si vous n'avez que du gros sel, il devra être bien fondu dans l'eau au moment du pétrissage.

Matériel nécessaire

✻ LE FOUR : du type de celui que je présente dans ce livre (voir croquis, page 224) ou un four de ferme existant (ce qui est la même chose) que l'on trouve encore en assez grande quantité dans les campagnes. Si vous n'avez qu'un four de cuisinière, vous ne pouvez pas espérer cuire plus de deux pains, donc la division de la recette par six s'impose.

✻ LES PANETONS ENTOILÉS : 12 – Vous pouvez acheter ces panetons entoilés à :
– Société Coopérative de Vannerie – Villaines-les-Rochers, 37190-Azay-le-Rideau. Modèle long ou modèle rond.

✳ LA PELLE A ENFOURNER ET A DÉFOURNER : faites-la vous-même en hêtre ou en peuplier aux dimensions indiquées ci-après, en partant d'une planche de 2 × 0,25 m, sur 2 cm d'épaisseur.

✳ UN OUTIL DE JARDINAGE MÉTALLIQUE : il va permettre de vider le four des braises et autres cendres issues de la concentration du bois ; plus une serpillière bien accrochée au bout d'un long manche de bois, ce qui permettra de parfaire le nettoyage du four avant d'y déposer les pains (ces outils s'appellent respectivement le rouable et l'écouvillon).

✳ LE PÉTRIN : une grande bassine en plastique ou tout autre grand récipient bien propre (j'ai vu aux U.S.A. une femme qui faisait régulièrement son pain dans un lavabo...).

✳ LE BOIS POUR LE CHAUFFAGE DU FOUR : c'est tradition-nellement du bois de nettoyage de haies, ou des bûches moyennes ou petites. Le chauffage du four commence le matin pour cuire le pain dans l'après-midi, 5 à 6 heures de chauffe étant suffisantes. Finissez votre chauffe avec du petit bois. Si vous utilisez une cuisinière, la température pour un poulet (220-230°) est convenable.

Procédure

Étant bien entendu que tous les ingrédients sont stockés depuis la veille à 23-25° (si la température est plus basse, ça ne change que le temps de fermentation qui s'allonge) :

1. Pétrir 2 kg de farine avec 2,5 litres d'eau plus la levure que vous délayez bien dans l'eau. Laissez reposer ce mélange très liquide trois heures, à 23-25° ; il doit augmenter de 1/4-1/3 de volume. Allumer le four et le bourrer sans arrêt de bois.

2. Trois heures après, ajoutez à ce premier mélange : 5 kg de farine, 2,5 litres d'eau et 150 grammes de sel, que vous pétrissez jusqu'à ce que vous obteniez un mélange homogène. Laissez reposer 2-2,30 heures à 23-25° en masse recouvert d'un linge pour éviter la formation d'une croûte sur le dessus de la pâte.

3. Pesez trois heures après 12 morceaux de 1 kg de pâte environ, que vous façonnez en rond (façonner est le terme qui désigne l'opération de donner une forme ronde ou longue, ce qui devient plus aisé avec la pratique). Déposez chaque boule de pâte dans un paneton fariné copieusement et préalablement pour éviter que la pâte colle à l'enfournement.

4. Laissez se reposer et gonfler les pains deux heures à deux heures trente. L'augmentation de volume sera encore de 1/3-1/4. C'est à l'issue de ce dernier apprêt (terme qui désigne la dernière levée) que l'on retourne les panetons sur la pelle et que l'on enfourne les pains après avoir fait le dessin de son choix à l'aide d'une lame. (Le four, lui, a été préalablement éteint, vidé de ses braises et nettoyé avec une serpillière mouillée au bout d'un bâton, disons 30 à 45 minutes avant d'enfourner.) La température du four est idéale quand la brique chauffée redevient sombre (après la phase d'auto-nettoyage due à la combustion des scories).

Il me reste à vous souhaiter bon pain ; je ne doute pas que vous arriviez à un produit satisfaisant, après quelques tâtonnements peut-être.

Pain et gastronomie

Le pain a un aspect gastronomique, et il existe une gastronomie du pain. Je m'étonne souvent de constater que les spécialistes du goût se soient si rarement penchés sur ce problème. Dans la plus belle bibliothèque culinaire qu'il m'ait été donné d'explorer, celle de mon ami Raymond Oliver, le vin est à l'honneur ; gastronomes, poètes, moralistes, philosophes le célèbrent avec lyrisme. Sur le pain, on ne trouve rien. Sans doute, le vin a des vertus particulières qui expliquent sa gloire littéraire. Il conduit à l'état de grâce, ce à quoi le pain ne peut prétendre. A mon avis, le vin joue sur du velours, il n'a guère de mérite. Il joue dans la facilité, un peu comme ceux qui y puisent leurs plaisirs. Dans son *Éloge de la cuisine française,* E. Nignon rapporte ce dialogue de fin de repas : « Le comte de Poelnitz : les Français ont-ils de l'esprit ! – Le prince de Ligne : parbleu, c'est bien malin avec des vins comme ceux-là ! »

Privé de ces avantages, le pain n'en reste pas moins, comme le vin, un produit élaboré, raffiné, plein de saveurs et de parfums variés, qui ne mérite pas cette indifférence des écrivains. C'est pour moi un élément gastronomique, si on admet ma définition selon laquelle être gastronome c'est devant une table « savoir se faire du bien sans se faire du mal ». A cet égard, le pain se distingue du vin ; même consommé à l'excès, le pain n'a guère d'effets désastreux.

J'ai éprouvé, grâce au pain, d'agréables émotions gastronomiques, et pas seulement en France. A l'issue d'un grand dîner, il m'est arrivé, à l'heure des commentaires, de parler des pains qui avaient été servis. J'ai créé de la surprise : si les vins – ils le justifient souvent – ont droit aux remarques les plus flatteuses, les jugements sur le pain sont inexistants. Pourtant, le pain, qui partage avec le vin cette singularité d'être hors de l'assiette, s'il est vrai qu'on puisse faire une topographie de la table, brille par l'absence de commentaire. Il est aussi, avec le vin, le seul élément présent du début à la fin du repas.

Omniprésent, certes, mais on l'oublie très vite alors que le vin prête à de longues discussions rétrospectives. Injustice d'autant plus flagrante que, dans le langage usuel, le pain précède toujours le vin ! Tout se passe, en définitive, sur le plan de la gastronomie, comme si le vin libérait les pensées et déliait les langues (ce qui est vrai), alors que le pain n'inspire qu'un silence recueilli. Certes, on le respecte, comme un membre vénérable de la famille, mais on s'abstient de le mettre en vedette. On n'en parle pratiquement pas et je suis tout autant frappé de sa sécheresse sémantique : alors que le vin dispose d'un vocabulaire considérable, le pain se contente d'être bon ou de ne pas l'être.

C'est pour valoriser la situation que j'ai regroupé les recettes et les suggestions qui suivent, du sandwich au pain perdu, en passant par les brioches, les canapés, les soupes au pain, les « croustons », etc. J'ajoute à cette liste un certain nombre de recettes qui ne sont pas fondamentalement à base de pain, mais qui ont une relation avec le pain, la farine, la vie du fournil... et le boulanger.

Les sandwiches

C'est, vous le savez sans doute, parce que le comte Sandwich, « flambeur » invétéré, refusait de quitter la table de jeu pour se restaurer, qu'un cuisinier inventif trouva, et surtout donna son nom et sa réputation à cet aliment à base de pain, qui, sous ses formes diverses, est sans doute le plus répandu aujourd'hui dans le monde. Balzac lui ouvrit les portes de la littérature, vers 1836, dans *Les Employés* : « L'imposante madame Rabourdin, qui voulait faire acte public de bonté, (apporta) des sandwiches et de la crème... »

Le sandwich, contrairement à ce que pensent certains, n'est pas une infamie gastronomique. Bien sûr, j'élimine le morceau de baguette à l'intérieur duquel on introduit une tige chaude, puis une saucisse de Strasbourg. Je pense qu'un sandwich bien fait, un bon sandwich, peut être un grand moment de plaisir.

La différence entre le sandwich et le repas n'est peut-être pas aussi tranchée qu'on le pense, si on accepte la définition selon laquelle un repas est une nourriture avec du pain : le sandwich peut alors être considéré comme du pain avec de la nourriture !

Entre le repas et l'anti-repas, ces extrêmes qui se rejoignent, il y a une sorte de compromis : la pizza. Ses origines sont obscures, et pas nécessairement italiennes : James de Coquet n'est pas loin de penser qu'elle est une création des Français, datant de l'époque où, dans le royaume de Naples, ils faisaient « la pluie, le beau temps, et le frichti... ». Pourquoi pas ?

Le sandwich, dans le domaine de ce qui se mange, a un caractère unique de nécessité : si on passe parfois à table par habitude ou par obligation, on ne mange jamais un sandwich que tenaillé par la faim ou dans des situations d'urgence. Il se passe alors quelque chose de paradoxal : c'est dans ces moments de pression ou d'urgence, quand on est en mal de détente, de suavité gastronomique pour compenser les rigueurs de l'environnement, qu'on nous propose les produits les plus médiocres, le quart de baguette fade et le jambon sec ! La responsabilité des marchands est engagée, et ils méritent trop souvent les critiques qui s'abattent sur eux.

Le sandwich idéal : un sandwich doit être pensé, tranché, réalisé et garni avec soin. Dans son bistro à vin de la rue des Saints-Pères, *Le Sauvignon,* Henri Vergne est, à mon avis, le meilleur coupeur de pain de Paris. Il utilise un pain légèrement rassis, qu'il coupe en tranches très fines (5 millimètres environ) avec un couteau sans dents.

Un sandwich doit être consommé dans l'heure qui suit sa préparation, ce qui le met à l'abri des oxydations, des imprégnations et autres ramollissements dommageables à sa nature et à son goût. Un bon sandwich (ou un bon repas-sandwich) ne doit pas être fait d'une seule pièce ; il faut essayer d'en varier la composition, ce qui excite l'appétit et facilite la digestion.

Repas-sandwich

Pour le plaisir de l'exercice de style, je prépare de temps en temps ce repas-sandwich en trois pièces qu'apprécient mes amis :

✳ deux très fines tranches de pain de seigle beurré avec au milieu une fine tranche d'esturgeon fumé (ce qui représente l'entrée) ;

✳ deux tranches de miche de pain de blé assez fine avec du beurre (juste de quoi remplir les trous du pain) garnies de deux morceaux de jambon à l'os (ce qui représente le plat principal) ;

✳ enfin deux très fines tranches de pain de froment aux noix avec une garniture de fromage (vacherin, gratte-paille, pierre-robert, etc.).

Cette provende présentée en trois étapes est générale-ment bien reçue, l'important est d'être très exigeant sur la qualité des ingrédients qui constituent la partie intérieure. Il ne faut pas avoir peur de les préparer avec un saumon de premier choix, ou du foie gras. Le sandwich, comme je viens de le dire, est généralement mangé dans des conditions de vie pénibles, il importe donc d'en faire un réconfort sérieux : les ingrédients doivent être nécessairement très nobles, ou de très haut niveau de qualité. C'est ce qu'offre le sandwich landais.

✳ Le sandwich landais
Sa constitution commence comme le sandwich de Pierre Dac où l'on trouve une tranche de pain intercalée entre deux autres. La tranche mise en sandwich est légèrement plus fine et préalablement toastée, ce qui lui confère un arôme... et donne une bonne rigidité à la construction, qui ne doit pas dépasser 2,5 à 3 cm d'épaisseur. Chaque face intérieure reçoit un film très fin de graisse d'oie et ensuite un excellent pâté de foie, ou mieux de foie gras (création dans laquelle il n'est pas interdit de déposer quelques fines lamelles de truffes).

Les croustons Poilâne

Ce que j'appelle un « crouston » est en réalité une tartine de bon pain bien grillé (voir conseils) sur laquelle on étale, quand la tartine est encore brûlante, une des préparations que j'ai mises au point. Il s'agit de recettes simples, de produits cuisinés.

Les croustons peuvent être offerts en cocktail, en mélange pour un repas rapide, ou en entrée. Les tartines qui en constituent la base doivent avoir de 8 à 10 millimètres d'épaisseur (un petit doigt de femme) et de la surface de la main environ. Pour les cocktails, couper les croustons en petits morceaux d'une bouchée et en morceaux plus gros pour un repas rapide.

En entrée, servir le crouston entier ; le couper au couteau dans l'assiette. Les produits qui se tartinent sur les croustons, dont je donne la recette ci-dessous, se conservent très bien plusieurs jours, voire une semaine, au frais. L'important est qu'ils soient étalés sur la tranche très chaude, sortant du toaster.

✳ *Crouston Clamart*
. 500 g de petits pois égouttés
. 2 branches de menthe fraîche (finement hachée)
. 2 cuillères à soupe de menthe poivrée
. 50 g de beurre
. une pincée de sel
   Passer les petits pois à la moulinette, et mélanger avec le reste des ingrédients. Tartiner.

✳ Crouston aux carottes

. 500 g de carottes
. une pincée de sel
. 3 cuillères de gingembre râpé frais
. un morceau de sucre
. 100 g de beurre

Faire une purée de carottes, les faire cuire avec du sucre ; une fois tièdes, passer les carottes à la moulinette et mélanger le beurre et le sel. Tartiner.

✳ Crouston vert

. un petit bouquet de cresson
. un petit bouquet de cerfeuil
. un petit bouquet de persil
. 5 feuilles de grande pimprenelle
. une gousse d'ail
. une échalote
. une pincée de sel
. 100 g de beurre doux

Plonger le cresson, le cerfeuil, le persil et la pimprenelle trente secondes dans l'eau bouillante. Les sortir et les égoutter. Puis mettre dans un mortier avec le sel, l'ail et les échalotes et rendre le mélange homogène. Mélanger le beurre afin d'obtenir une pâte à tartiner.

✳ Crouston auvergnat

. 200 g de céleri cru en branche (à couper très fin au couteau)
. 100 g de bleu d'Auvergne
. 50 g de beurre

Malaxer et tartiner.

✳ Crouston bourguignon

. 150 g d'échalote (à couper très fine)
. 100 g de beurre
. 1 verre et demi de vin rouge
. une bonne pincée de sel

Faire réduire les échalotes émincées dans le vin rouge.

Lorsque les échalotes ont absorbé le vin rouge et que le mélange se refroidit et devient tiède, ajouter le beurre et le sel à température ambiante.

Faire ensuite une pâte de l'ensemble. Tartiner.

✳ *Crouston printanier*
. un bouquet de cerfeuil
. une grosse branche de basilic
. un bouquet de fines herbes (ciboulette)
. une bonne pincée de sel

Hacher au couteau finement. (Le cerfeuil et le basilic se coupent bien au cutter.)

Mélanger le tout avec 100 g de beurre et le sel, tartiner.

✳ *Crouston Bercy*
. 150 g d'échalote (à couper très fine)
. 100 g de beurre
. un verre et demi de vin blanc sec
. une pincée de sel

Réduire les échalotes émincées dans le vin blanc.

Lorsque les échalotes ont absorbé le vin, laisser refroidir. Votre préparation devenant tiède, mélanger le beurre, qui est à température ambiante, jusqu'à obtenir une pâte homogène. Tartiner sur du pain grillé très chaud.

✳ *Crouston aux pétales de rose*

. 4 poignées de pétales de rose *très odorants*
. 100 g de beurre doux

Déposer une couche épaisse de pétales de rose dans le fond d'un récipient, disposer le beurre par-dessus et recouvrir avec  le reste de pétales de rose.

Refermer et laisser s'imprégner les odeurs pendant une nuit à température ambiante. Le lendemain, retirer les pétales et tartiner le beurre sur du pain de seigle, non grillé, c'est la seule recette qui nécessite du pain non toasté, puis décorer le dessus de la tartine avec des pétales de rose auxquels vous aurez préalablement *pris le soin de retirer la partie blanche* qui est plus amère.

✳ Crouston anglais
. un petit bouquet de persil
. un petit bouquet d'estragon
. 2 petits bouquets de ciboulette
. une pincée de sel
. une cuillère à café de moutarde
. 100 g de beurre
. une cuillère de cognac

Hacher très fin persil, estragon et ciboulette. Mélanger au reste et maintenir le tout au frais.

✳ Crouston de printemps
. un petit bouquet de cerfeuil (environ 40 g)
. un petit bouquet de ciboulette (environ 40 g)
. un petit bouquet d'anet
. une cuillerée à soupe de jus de citron
. sel et poivre

Hacher très fin cerfeuil, ciboulette et anet, puis mélanger le beurre et le jus de citron. Tartiner.

✳ Crouston au raifort
. 50 g de raifort râpé
. 150 g de pain de mie
. 3 œufs durs mis en bouillie
. sel et poivre
. 100 g de beurre
. une cuillère à soupe de jus de citron

✳ Crouston du palais
. 2 avocats
. 100 g de beurre
. le jus d'un citron
. sel et poivre

Faire une purée de la chair de deux avocats (éviter d'utiliser un mixer, préférer plutôt un pilon ou une fourchette).

Incorporer le jus de citron pendant la préparation.

Saler, poivrer, incorporer intimement le beurre mou (à la main ou à la moulinette). Laisser refroidir. Tartiner.

Recettes liées au pain

Il s'agit de plats qui se situent à la frontière de la gastronomie du pain. Tous ces plats ont une relation technique, affective ou même poétique avec le pain et l'univers du boulanger, tel le Baeckeoffe ou plat du boulanger en patois alsacien, que l'épouse du boulanger réalise dans le four, pour tirer profit de la chaleur de l'après-cuisson ! C'est un repas complet qui est l'expression de l'imagination boulangère.

Les soupes au pain

J'ai une tendresse particulière pour les croustons, sortis tout grillés de mon imagination et de mon goût pour le repas rapide. Ce sont des chevau-légers de la gastronomie du pain. Les soupes à base de pain appartiennent à une autre catégorie. Voici les principales recettes de soupes au pain, telles que je les exécute moi-même. La panade, par exemple, soupe épaisse, a nourri les Français depuis des siècles, de l'homme de journée au bourgeois, en passant par le cultivateur.

✳ La panade
. faire griller du pain rassis, coupé en petits morceaux dans une casserole
. recouvrir d'eau chaude ou froide et une pincée de sel
. faire cuire au moins une heure et ajouter un bon morceau de beurre en cours de cuisson
. au moment de servir, ajouter une cuillerée à soupe de crème.

✳ Soupe à la moelle de bœuf et au pain au lard
. dans une casserole, faire revenir avec du beurre un oignon, une carotte, 3 os à moelle, un litre de bouillon, du sel et du poivre
. faire cuire 1 heure
. griller 3 tartines de pain au lard
. enlever les os, récupérer la moelle que vous tartinez sur le pain et mettre l'excédent dans la soupe

. déposer le pain dans le bouillon au moment de servir.

✳ *Soupe à l'oignon gratinée*

. émincer et laisser roussir à la poêle 200 g d'oignons dans 30 g de beurre
. à demi dorés, ajouter 30 g de farine en pluie
. verser 2 litres d'eau additionnée d'un verre de vin blanc sec et cube de bouillon, lorsque oignons et farine sont roussis
. laisser bouillir un quart d'heure
. saler, poivrer
. mettre 1 tranche de pain par personne que vous grillez au four
. placer ces tranches grillées au fond de la soupière
. déposer 1 couche de gruyère râpé (200 g) au-dessus
. verser le bouillon (passé ou non passé)
. faire gratiner au four chaud.

※ *Soupe au lait froide*
ou tiède au pain à la menthe (pour l'été)
. faire bouillir et refroidir un litre de lait dans lequel on ajoute une petite cuillerée à café de miel
. faire griller 3 tartines de pain à la menthe que vous trempez au dernier moment.

※ *Soupe au pain et à l'ail*
. faire cuire les gousses d'une tête d'ail dans un bouillon, 1/4 d'heure environ
. faire griller 3-4 tartines de pain
. passer le bouillon
. lier en fouettant hors du feu avec un œuf
. saler, poivrer
. verser sur les tartines grillées dans la soupière, servir.

※ *Chaudeau* (recette pour 3-4 personnes)
. mélanger 1/4 de litre de bouillon, 1/4 de litre de lait, 1/8 de litre de vin blanc
. une pincée de sel
. une pincée de muscade
. faire chauffer et lier avec un œuf battu
. arrivé à ébullition, verser dans la soupière sur 3 tranches de pain grillé.

※ *Soupe au lait trempée*
. faire bouillir le lait dans une grande casserole (1 l/personne)
. verser 1 verre d'eau dans une autre casserole et faites-y revenir et cuire un oignon avec un peu de beurre
. griller 3 belles tartines que vous coupez en morceaux dans la soupière
. ajouter l'oignon sur le pain
. verser le lait bouillant.

※ *Baeckeoffe*
. un peu de veau à blanquette
. échine de porc
. des morceaux d'oie

. de la poitrine fumée
. un pied de veau coupé en deux (dans la longueur)
. du blanc de poireaux
. une bouteille de Sylvaner
. des oignons
. de bonnes pommes de terre
. quelques grains de genièvre
. légumes.

Faire mariner 24 h à l'avance dans le Sylvaner :
. le porc ⎫
. le veau ⎬ coupés en lamelles
. le bœuf ⎭
+ le blanc de poireaux et quelques grains de genièvre, et un gros bouquet garni.

Passer le jus de la marinade et séparer viandes et légumes. Procéder par couches successives et assaisonner au fur et à mesure.

Déposer au fond de la terrine (grande) une couche d'oignons coupés fin, ensuite des pommes de terre coupées en tranches fines, puis viandes, blancs de poireaux, oignons, pommes de terre, viandes, etc., 2 ou 3 fois.

Une fois les matières premières utilisées, déposer les deux morceaux de pied de veau. Mouiller avec la marinade.

Refermer le couvercle et bien luter avec un reste de pâte. Faire cuire 3 h-3 h 30 à four doux 160-180°.

Se mange chaud. Faire ôter le lutage à l'invité d'honneur.

✳ *Le Kig-Ar-Farz*
(ou le phare dans le sac ou Guiniz dû)

C'est une variante extrêmement valorisante du pot-au-feu qui consiste à faire cuire dans un petit sac de toile, à l'intérieur du bouillon, une quantité variable de farine de sarrasin. C'est un plat d'origine bretonne (Carantec). On l'appelle parfois le « couscous breton ».

Ingrédients :
. tous les légumes d'un pot-au-feu + un morceau de lard salé + un jarret de porc salé
. une livre de blé noir (sarrasin)
. 4 œufs
. sel (ou sucre)
. 1/2 litre d'eau
. 200 g de beurre
. pruneaux (facultatif)
. un petit sac en toile

Préparation :
Préparer un pot-au-feu classique.
Préparer un bon 1/2 litre d'eau, presque 3/4 tiède, y faire fondre le beurre, saler, poivrer fortement.
Y incorporer 4 œufs.
Pruneaux (facultatif).
Faire un mélange assez épais en y incorporant le blé noir. Introduire le mélange dans le sac, bien le fermer avec une ficelle et laisser reposer 1 heure.
Quand l'eau du pot-au-feu est à ébullition, faire cuire le sac environ 2 heures.
Avant d'ouvrir le sac, bien le manipuler, le malaxer, le triturer dans le but de semouler son contenu.
Servir le pot-au-feu en présentant la viande, les légumes, le bouillon, le sarrasin.

✳ *La Mique levée*

La meilleure Mique selon moi (car il y en a plusieurs) est la Mique levée façon Périgord Noir. *Les ingrédients* sont les suivants :
. 500 g de farine
. 100 g de beurre ou de graisse d'oie
. 3 œufs
. 1 verre 1/2 de lait
. 10 g de levure de boulanger (que l'on délaye dans un peu de lait tiède 10 minutes avant)
. 1 bonne pincée de sel

Bien pétrir à la main farine, œufs, levure, beurre mou, sel et lait afin d'obtenir une pâte plutôt ferme. Faire une boule (l'ensemble de cette préparation ne doit pas descendre au-dessous de 20-22°). La laisser se reposer dans un saladier recouvert d'un torchon – 5 h environ. Pendant ce temps, préparer un pot-au-feu avec seulement du porc salé ou jambonneau, et les légumes rentrant normalement dans un pot-au-feu classique.

3/4 d'heure avant de servir, déposer la Mique levée dans le bouillon qui cuira au milieu des légumes (à mi-cuisson retournez-la pour une bonne cuisson).

Servir une tranche de pain avec chaque portion de Mique – avec le bouillon à part.

S'il reste de la Mique, coupez-la en tranches, grillez-les dans une poële en saupoudrant de sucre à la sortie de la poële, ce qui constitue un dessert original et traditionnel. (Ou en entrée, toujours coupée en tranches jetées dans la poële, dorées à la graisse et garnies de tranches de persil grillé.)

❋ Pommes de terre à la boulangère

Additionner à 500 g de pommes de terre nouvelles, épluchées et non lavées pour être cuites au beurre
. 125 g de tout petits oignons.
Cuire ensemble doucement.

Cette préparation peut être réalisée avec des pommes de terre coupées en fines rondelles et des oignons taillés en grosses rondelles. Étendre en une couche mince dans un plat à rôtir grassement beurré, assaisonner de sel et de poivre, ajouter un petit bouquet garni.

Déposer de l'eau qui recouvre la couche ou du fond de veau liquide. La viande est alors posée sur les légumes.

❋ Pain perdu

. Casser dans une assiette creuse 2 œufs.
. Ajouter 6 cuillerées à soupe de lait froid, 2 cuillerées à soupe de sucre en poudre.
. Battre énergiquement à la fourchette.
. Faire fondre 20 g de beurre à la poêle.
. Tremper une tranche de pain rassis dans l'assiette pour l'imbiber du mélange. Égoutter à la fourchette et la poser dans le beurre mousseux. La retourner lorsqu'elle est bien dorée.
. Servir dès que l'autre face est dorée en saupoudrant d'un peu de sucre en poudre.
. On peut servir ce pain perdu avec de la confiture ou de la compote.

Les pains parfumés
ou spéciaux à faire soi-même

J'ai donné, dans le chapitre « Faites votre pain vous-même », des conseils d'ordre général applicables en cuisine, ou de préférence, avec un four de ferme.

On peut faire son pain soi-même. A l'intention de ceux qui se prendront au jeu et qui, je le souhaite, en tireront du plaisir, voici des recettes de pains parfumés que vous réaliserez dans les mêmes conditions et avec les mêmes précautions. Je ne m'appuie là sur aucune tradition précise, ces recettes sont du domaine de la création et de la fantaisie.

Dans cette liste, vous trouverez aussi les conseils indispensables pour réussir *votre* pain de mie, *vos* pains au lait.

✳ Pain au lard

. 500 g de lard fumé coupé en tranches fines comme le petit doigt
. 500 g de farine bise de blé
. 15 g de levure fraîche ou 7 g de levure sèche lyophilisée
. 150 cl d'eau environ (ajouter ou retrancher de manière à obtenir une pâte souple, pas trop molle, pas trop ferme)
. Faire griller le lard (de chaque côté à l'avance sur un grill), le découenner et le couper en petits morceaux (lentille)
. pétrir la farine avec l'eau, le sel et la levure délayée
. ajouter le lard fumé grillé
. laisser fermenter pendant 1 h 30 à 2 h
. déposer la pâte dans un moule après l'avoir façonnée (ce qui peut être un moule qui va au four de la taille d'une terrine ou un moule à pain de mie de 1 kg)
. laisser fermenter pendant 1 h 30 à 2 h
. cuire à la température d'un poulet (200-220°)
. à la sortie du four, laisser ressuer 2 h à l'air hors du moule

Servir grillé avec de la salade ou en tranches fines à l'apéritif.

Attention : pendant la fermentation, ne pas descendre en dessous de 20-22 degrés centigrades.

✻ *Pain à l'anet* (Dill)

Même recette que le pain au lard mais remplacer le lard par l'anet dont on introduit 8-10 branches sans les bois (émincées).

Pétrir avec 10 g de sel fin.

Excellent grillé pour le saumon et les fromages blancs.

✻ *Pain à la menthe*

Même recette que le pain au lard mais remplacer le lard par 10 branches de menthe dont on ne garde que les feuilles qui sont émincées.

Ne pas oublier 10 g de sel.

Accompagne la salade de concombre, la soupe au lait froide, etc.

✻ *Pain aux noix*

Même recette que le pain au lard mais remplacer le lard par 250 g de noix pilées.

Ajouter 10 g de sel.

✻ *Petits pains au lait*

(pour 10 petits pains)

. 500 g de farine
. 15 g de levure fraîche ou 7 g de levure lyophilisée délayée
. 10 g de sel fin
. 30 g de sucre
. 1 œuf
. 50 g de beurre
. 1 verre de lait
. eau en supplément, de manière à obtenir une pâte plutôt molle, mais pas trop tendre
. Pétrir dans un récipient (après avoir délayé sel et levure)
. attendre 1 h 30 environ de fermentation
. découper la pâte en 10 petits morceaux et façonner en long ou rond les 10 petits pains au lait

. déposer les petits pains sur une plaque qui rentre au four
. attendre à nouveau 1 h-1 h 30
. les dorer avec du jaune d'œuf
. introduire la plaque au four à 200°, la couleur des petits pains vous indiquera la bonne cuisson.

Attention : ne pas descendre en dessous de 20-22 degrés centigrades pendant la fermentation.

✻ Pain de seigle aux baies roses

(très parfumé et fort, à manger avec tous les poissons fumés)
. 500 g de farine de seigle blutée à 100 %
. 200 g de farine de blé
. 15 g de levure fraîche ou 7 g de levure lyophilisée
. 20 g de baies roses écrasées fin
. 10 g de sel fin
. 150 g d'eau environ (ajouter ou retrancher à cette quantité de manière à obtenir une pâte souple, pas trop molle et pas trop ferme)
. Pétrir dans un récipient (ou sur un marbre) les farines, l'eau, le sel et la levure (délayée) et la poudre de baies roses
. attendre 1 h 30 à 2 h une bonne fermentation
. façonner le pain et le déposer dans un moule ou une terrine qui passe au four
. attendre de nouveau pendant 2 h minimum
. cuire à la température d'un poulet (200-220°) 45 à 50 minutes
. à la sortie du four, laisser ressuer le pain hors du moule pendant 2 h

Attention : ne pas descendre en dessous de 20-22 degrés centigrades pendant la fermentation.

✻ Le croque-monsieur fait de pain au lard

Utilisez deux tranches de pain au lard (voir recette). Couper de l'épaisseur du petit doigt. Déposer à l'intérieur une tranche fine de jambon au milieu de 2 fines tranches de gruyère. Déposer sur le dessus une autre tranche de gruyère collée par un film de beurre.

Faites vos brioches

Qui peut faire son pain peut faire aussi ses brioches en suivant la procédure que je décris dans les deux recettes qui suivent.

On peut d'ailleurs varier les parfums des brioches, avec des abricots secs émincés ou de la banane fraîche en purée (pour les enfants). Pour les abricots, choisir des fruits doux, sans acidité, les réduire en petits morceaux et les incorporer. Pour les bananes, retirer 2 œufs au profit de 2 ou 3 bananes écrasées.

❋ *La brioche à la menthe*
(pour le thé, par exemple)
. 500 g de farine
. 40 g de sucre en poudre
. 12 g de sel fin
. 15 g de levure fraîche ou 7 g de levure sèche lyophilisée
. 6 œufs
. 200 g de beurre
. 7-8 branches de menthe (ne conserver que les feuilles émincées)

Faire une fontaine avec la farine ; déposer à l'intérieur sucre, sel séparés et œufs ;

Délayer la levure avec un peu d'eau tiède 5 minutes avant.

Mélanger œufs, farine, sel, sucre et levure ensemble.

Ajouter le beurre et la menthe émincée.

Une fois pétrie, attendre 1 h 30 puis déposer la brioche dans une terrine qui rentre au four.

Attendre à nouveau un gonflement du double de volume, puis mettre au four (175°) 20 à 25 minutes.

Veiller à ne jamais abaisser la température en dessous de 20-22 degrés centigrades pendant la fabrication et la fermentation.

✳ *La brioche aux truffes*

(pour accompagner le foie gras)

. 500 g de farine
. 40 g de sucre
. 12 g de sel
. 15 g de levure fraîche ou 7 g de levure sèche lyophilisée
. 6 œufs
. 200 g de beurre
. 80 g de truffes émincées coupées en lamelles très fines

Faire une fontaine avec la farine. Déposer à l'intérieur sucre, sel séparés et œufs.

Délayer la levure avec un minimum d'eau tiède 5 minutes avant.

Mélanger œufs, farine, sel, sucre et levure.

Ajouter le beurre et les truffes émincées.

Une fois pétrie, attendre 1 h 30 environ, puis déposer la brioche dans une terrine qui rentre au four.

Attendre à nouveau un gonflement du double pour l'introduire au four (175°, un peu moins chaud que pour un poulet).

Veiller à ne jamais descendre en dessous de 20-22 degrés centigrades avant la mise au four.

✳ *Pain de mie*

. 600 g de farine
. 10 g de sel
. 20 g de sucre
. 1 verre de lait
. 30 g de beurre
. 15 g de levure fraîche ou 7 g de levure lyophilisée
. eau à la demande.

Pétrir ces ingrédients en délayant bien le sel et la levure sans les mélanger (car ils se portent atteinte).

Ajouter une quantité d'eau permettant d'obtenir une pâte ferme. Attendre 1 h 30 de fermentation.

Façonner le pain en forme du moule métallique que vous utiliserez (en l'absence de moule, utilisez une terrine qui rentre au four et confectionnez-lui un couvercle plat et lourd qui supporte la température du four).

Attendre que le pain soit au 3/4-4/5 de remplissage du moule pour l'introduire au four (1 h 30 environ).

L'introduire au four à 200° (poulet) pendant 45-50 minutes.

Démouler le pain à la sortie du four, laisser refroidir à l'air.

Ne pas abaisser la température au-dessous de 20-22 degrés centigrades pendant la fermentation.

Au carrefour de la pâtisserie

Si les brioches font partie de l'univers du boulanger, les croissants occupent une place particulière : ils sont au carrefour de la boulangerie et de la pâtisserie.

Je m'explique : les deux métiers, si souvent associés qu'on finit parfois par les confondre, sont en vérité totalement opposés. L'art du boulanger découle presque exclusivement de la fermentation : sans fermentation, pas de pain ! Le pâtissier, lui, est un cosmétologue et je ne mets aucune intention péjorative dans cette définition. Pour le pâtissier, la fermentation est dangereuse au plan de l'hygiène. Il met au point des crèmes, des gélifiants, des poudres ; il utilise des huiles, comme le parfumeur (d'amandes douces par exemple). Il a le souci des couleurs. C'est un esprit méthodique, son approche est scientifique.

Le boulanger, lui, n'a pas le sens des règles strictes ; c'est la plupart du temps un empirique forcené. Dans

mon esprit, je l'assimile au vigneron ou, mieux, au
fromager. Tous deux, comme lui, travaillent sur des
produits naturels qui fermentent. Le pâtissier applique
des formules. Curieusement, on ne trouve que le
croissant au croisement de ces deux activités. Il est à
la fois fermenté (fait du boulanger) et feuilleté (spécialité
du pâtissier). L'un et l'autre peuvent le revendiquer. De
toutes façons, il pose trop de problèmes pour être réalisé
chez soi : il n'a pas sa place dans notre ensemble de
recettes boulangères.

Pain et diététique

Le pain fait grossir !

Qui peut affirmer n'avoir jamais entendu ou prononcé cette affirmation ? Entre le pain et les kilos supplémentaires, superflus, l'association d'idées est courante. En vérité, c'est une erreur, issue en ligne directe de la réserve du prêt-à-penser ! C'est aussi une de ces anomalies dont rien, dans l'histoire ou dans la science, ne peut expliquer la permanence.

Régulièrement, je constate la vivacité de ce mythe. Tout récemment, un magazine connu posait à des gens qui ne le sont pas moins la question classique : « Que faites-vous pour maigrir ? » Sur dix interviewés, huit, c'était à prévoir, ont parlé du pain : « Je l'évite, je l'ai supprimé de mon alimentation, je l'oublie. » Je ne suis pas éloigné de penser que le pain, régulièrement et injustement mis en accusation, est victime d'une sorte de complot, dont les « media » sont complices, au profit d'une série de produits périphériques, comme le sucre.

En revanche, je me suis penché sur la question des motivations personnelles, et je me suis aperçu que parmi ceux qui ont tendance à accuser le pain, il existe deux catégories principales et opposées : la première regroupe ceux qui attachent peu d'importance au terrain, à l'individu et reportent toute la responsabilité sur l'aliment. C'est le genre : « Oh ! vous savez, tout me profite. » Dans la seconde catégorie, on trouve ceux qui attachent peu d'importance à l'aliment et beaucoup à l'individu, type : « Moi, je brûle tout ! » Si l'on réfléchit un peu, on constate que le débat prend très vite une teinte philosophique et que, d'une certaine façon, on recoupe l'éternelle question de l'inné et de l'acquis.

En fait, comme chaque fois qu'on aborde une question de ce genre, l'observateur objectif doit prendre en compte un nombre considérable de facteurs allant de l'état psychologique à celui du marché, des facteurs de quantité et de qualité : le dossier est certainement plus

complexe qu'il n'y paraît mais, au bénéfice de tous les doutes, nul ne peut affirmer, comme cela se passe si souvent, que le pain fait grossir.

Conscient de ces difficultés, et n'étant pas nutritionniste de formation, j'ai interrogé un certain nombre de spécialistes. Voici un résumé des opinions que j'ai recueillies.

LE PAIN
FAIT-IL GROSSIR ?

Réponse
du professeur Marian Apfelbaum,
professeur agrégé,
successeur du professeur Trémolière.

❖

Non, le pain ne fait pas grossir.

La civilisation qui nous a précédés, celle de l'Europe paysanne, se nourrissait presque exclusivement de pain. Selon les pays et les époques, on en mangeait entre 500 g et 1 200 g par jour. Le « reste », c'est-à-dire les viandes et les graisses, ne constituait que des assaisonnements ou des composants de repas de fête.

Puis, il y eut une période de « sandwich » ; le pain était richement et constamment assaisonné. Puis, de la tartine le pain a disparu ; graisses, viandes, sucre sont consommés concentrés.

Lorsque les céréales sont la base de l'alimentation, les gros sont rares et ne se recrutent que chez les riches et les puissants ou chez les femmes que des riches puissants ont les moyens de gaver de graisse et de sucre.

Le pain « à volonté » ne fait pas grossir : chacun n'en mange qu'à sa faim et jamais plus. Il est vrai qu'une fois devenu gros, quand il faut maigrir, on doit supprimer le pain malgré son innocence.

En effet, manger peu de calories sans risque de manquer de protéines, de calcium, de fer et d'autres nutriments indispensables, mène inexorablement aux aliments pauvres en hydrates de carbone, les viandes et les laitages.

Ainsi le pain ne fait pas grossir, mais, chez les gros, il empêcherait de maigrir.

Réponse
du docteur Georges Halpern,
spécialiste de l'allergie,
gastronome.

❖

Il n'y a pas de réponse simple à cette question simple. Le pain en tant que tel n'existe pas. Il y a des pains, faits de façons différentes avec parfois des éléments très différents. Des farines riches en glucides auront un pouvoir de « faire grossir » probablement supérieur chez les sujets ayant un métabolisme fragile. Mais, en principe, un pain bien fait, avec une farine panifiable de bonne qualité, donne une ration équilibrée, avec des protéines et des glucides d'absorption lente, sans rebond insulinique préjudiciable. Un pain bien fait comporte également des matières inertes (fibres) qui régularisent l'absorption intestinale et freinent l'absorption glucidique. Une trop grande quantité de fibres peut entraîner une irritation et une mauvaise absorption de certains oligo-éléments et/ou vitamines, et c'est l'art du boulanger que de savoir doser la quantité de fibres.

Chez un sujet dont le poids est stable, l'activité physique régulière, la restriction en pain a été considérée par certains comme une « catastrophe de la mode » qui a jeté l'ostracisme sur tous les glucides. En réalité, l'absorption régulière de pain est un facteur d'équilibre, de joie gustative et le pain peut être considéré comme un aliment remarquablement équilibré et économique.

En revanche, chez des malades ayant une anomalie métabolique ou des indications à perte de poids rapide et/ou durable, la restriction en pain fait partie d'une ordonnance initiale. Mais la réintroduction du pain doit se faire assez rapidement selon des règles assez strictes, de façon à assurer un équilibre nutritionnel assez efficace. La connaissance de la composition du pain utilisé régulièrement est un élément indispensable et l'éducation du personnel de boulangerie doit être faite afin d'éviter des erreurs en moins (« ne mangez pas de pain ! ») ou en plus (« le pain, c'est bon pour les diabétiques ! »). Sans transformer toutes les vendeuses en conseillères-diététiciennes, encore peut-on donner une information élémentaire qui, à mon avis, devrait faire partie de l'éducation à l'école primaire.

Réponse
du docteur J.C. Lods,
gastro-entérologue, nutritionniste, médecin des hôpitaux,
chef de service C.H.R. de Nice.

❖

Le pain est un aliment économique, sain, indispensable, il ne fait pas grossir : toute alimentation peut entraîner une prise de poids si l'apport calorique est trop élevé ou mal équilibré.

Notre ration alimentaire apporte, quotidiennement, un certain nombre de calories dont le taux doit être variable selon les individus, l'activité, le sexe, l'âge, voire selon certains états pathologiques. Dans tous les cas, il doit y avoir un équilibre indispensable entre les divers aliments de base (glucides, lipides, protides) : les glucides fournissent 50 % de la ration calorique.

Attention, il est deux types de glucides, l'un à absorption rapide : sucre, miel, confiture, fruit, qui doivent être consommés en petite quantité, pas plus de 25 à 10 % de la ration glucidique, selon les sujets ; l'autre, d'absorption lente, l'amidon. Or, qu'apporte le pain ? Environ 70 % d'amidon (glucides à absorption lente), de 10 à 12 % de protéines, selon la qualité du blé et des fibres alimentaires céréalières (cellulose, hémicellulose) non absorbables, dont le rôle est essentiel sur la motricité colique et le transit intestinal, puisqu'elles sont à la base de la constitution du bol fécal.

La consommation de pain a malheureusement beaucoup diminué ces dernières années et ce, en raison d'une succession d'erreurs (baisse de la qualité, de la saveur du pain, utilisation de farines trop pauvres en fibres alimentaires indispensables, consommation de biscottes, dites de régime, plus riches en glucides et en calories, engouement pour les régimes protidiques hypo-caloriques vantés par la presse qui n'ont aucun avantage et présentent des inconvénients par rapport au régime hypocalorique mixte équilibrant glucides et protides, utilisation du riz, ce qui est une erreur car le riz est plus riche en calories et plus pauvre en protides...).

Rappelons cette anecdote tirée du roman de Mukio Mishima Après le banquet. *Pour maigrir, écrit l'auteur, « mangez du pain chaque jour trois fois, aux trois repas » (au lieu de riz).*

Le pain doit donc garder sa place primordiale dans l'alimentation, mais la farine utilisée doit permettre un apport suffisant de fibres alimentaires, cet apport évitant l'apparition de constipation, qui n'est qu'un trouble, mais, surtout, de diverticulose colique, maladie parfois dangereuse ».

Lors de l'établissement des régimes hypocaloriques et hypo-glucidiques, l'apport de glucides restant indispensable, nous utilisons le pain selon des proportions précises dans chaque cas particulier. Le pain, aliment contenant des glucides à absorption lente, des protides, et riche en vitamines B, est un aliment facilement absorbé qui est et doit rester un aliment de base, les glucides à absorption rapide, par contre, doivent être surveillés.

Réponse
du docteur Chicouri,
nutritionniste, diabétologue, attaché des hôpitaux de Paris.

❖

On ne peut répondre par oui ou par non. Mais ce qu'on doit dire tout de suite, c'est qu'un bon pain sain, au levain naturel, complet ou même enrichi au son, apporte fibres et vitamines du groupe B, et constitue un élément absorbant l'eau, permettant de lutter contre la constipation ; un bon usage modéré d'un bon pain a, sans aucun doute, sa place dans un régime amaigrissant (je place le pain Poilâne dans cette catégorie).

Il faut ajouter que l'établissement d'une ligne de conduite alimentaire n'est ni simple, ni facile. (On parle même de faire appel à l'ordinateur, pourquoi pas ?)

Il convient d'abord de « réduire et choisir » les apports alimentaires et surtout glucides ou hydrates de carbone. Ils calment la faim, sont vite assimilés, et, en augmentant le taux de sucre sanguin, provoquent une production tout aussi rapide d'insuline, avec impression de manque et besoin de recommencer. C'est pourquoi on dit que le sucre appelle le sucre. Les glucides consommés sous forme d'amidons (pain, biscottes, riz, féculents des pommes de terre et des légumes secs) ont une assimilation plus lente : plusieurs demi-heures au lieu de 15 à 20 minutes environ. On doit donc porter son choix sur ces glucides dits lents. Ce qui réhabilite le pain, dont on fait souvent, à tort, l'ennemi numéro un. *Profitons de cette occasion pour démystifier la valeur de remplacement des biscottes qui ne sont que du pain déshydraté additionné de sucre et de graisse, jusqu'à 5 % contre moins de 1 % pour le pain.*

Réponse
du docteur Jean Valnet
président de l'Association d'études et de recherches en aromathérapie et phytothérapie (A.E.R.A.P.).

❖

D'abord il faudrait savoir de quel pain il s'agit, car le pain courant, « immaculé », je veux parler du pain super-extra-blanc, dépourvu de nombreux éléments nutritifs et catalytiques (qui n'est plus que de l'amidon) pourrait faire grossir. Mais il ne le fait pas... car nous n'en mangeons presque plus depuis trente ans.

S'il s'agit du pain conforme, fabriqué selon les traditions ancestrales (farine blutée comme il convient, fait au levain, etc.) nous sommes en présence d'un aliment équilibré *et je n'ai pas encore constaté qu'un aliment équilibré était facteur de déséquilibre. Il ne saurait, par conséquent, ni provoquer un quelconque trouble endocrinien, aucun autre d'aucune manière, et (pour ce qui nous intéresse ici) pas plus faire maigrir que grossir.*

Je m'en tiens encore au seul pain ancestral : est-ce lui qui fait grossir, quand la plupart n'en consomme que 50 à 100 g par jour, ou bien le cassoulet, le coq au vin, la potée ou le riz de veau goinfrés sans mesure ?

Soyons sérieux : on a prononcé les mêmes balourdises au sujet de la pomme de terre. Or les biologistes et les médecins nutritionnistes ont expliqué, en long et en large, que la pomme de terre ne pouvait pas faire grossir, eu égard à sa composition équilibrée, notamment parce qu'elle est riche en potassium, lequel s'oppose à la rétention d'eau provoquée par le sodium. Bien sûr, l'individu qui avale un kilo de frites par jour, ou une platée Lord Byron (une somptuosité comportant autant de beurre de crème, de comté que de pommes de terre), celui-là ne tardera pas à engraisser. Mais peut-on accuser la pomme de terre ?

Un dernier point : certains auteurs ont préconisé récemment un régime amaigrissant à base de pain... le vrai, bien entendu. Et, en raison de ce que je vous ai dit, c'est la logique même. Il fallait y penser.

Conclusion

Première constatation : l'approche, l'opinion du corps médical et des spécialistes ont considérablement changé en quelques années. Plus de risques de voir distribuer des ordonnances pré-imprimées (j'en ai vu), généralisant la suppression du pain ! Au contraire : la notion que le pain est un élément de santé, un ami et un allié de certains régimes, s'affirme ; le public finira bien par en prendre conscience.

De même, l'étude des causes de l'obésité prend un profil différent, qui atténue presque totalement et va jusqu'à faire disparaître complètement la responsabilité du pain dans cette maladie. On conçoit plutôt l'obésité, aujourd'hui, comme une conséquence de la défaillance du système qui, dans le corps, planifie la distribution des énergies, ou disons des graisses ; cette mauvaise régulation, liée au système nerveux, en relation avec le stress, évoque un thermostat mal réglé. Dans tout cela, rien qui établisse la responsabilité du pain, et je suis satisfait d'en prendre acte.

Ô le pain

J'aime mon nom de famille. C'est un nom avec lequel on peut faire beaucoup de choses. Une anagramme parfaite par exemple, où même l'accent de l'âne trouve sa place : ô le pain. Non plus que le poil, l'âne qui occupe la deuxième place de mon nom ne m'a jamais gêné. J'aime bien les ânes, qui sont liés au moulin, transportent le grain et, en général, travaillent dur. C'est un âne qui a réchauffé le Christ, lequel s'est constamment identifié au pain.

Poilâne est un nom qui évoque la tradition paysanne et l'idée de persistance. Il remonterait à Pierre l'Ermite qui prêchait la croisade en parcourant le pays à dos d'âne : il était une sorte de vedette, on guettait son passage et on arrachait à sa monture des poils qui devenaient des reliques. Dans ma région d'origine, on trouve aussi des Troipoils ou des Poilgris. Je n'ai souffert de mon nom qu'à l'école ; mais mon père m'a très vite rassuré : « Tu t'y feras. » Je m'y suis fait et j'ai acquis une sensibilité particulière sur la relation en forme de clin d'œil qui existe souvent entre les gens et leur nom. Un boulanger parisien nommé Pain me disait que ses clients exigeaient de lui une qualité particulière. Un de nos voisins, boulanger, s'appelait Brulé, et j'ai souvent pensé à son problème : il ne vendait que du pain brûlé ! Un autre du nom d'Anglais ne me semblait pas favorisé par le hasard !

Mes aïeux étaient des paysans normands : ils exploi-

taient dans la région de Gacé une ferme qui est toujours
dans la famille et, curieusement, une autre à Clamart,
près de Paris, où depuis nous avons installé cinq fours.
Ils s'accommodaient de cette situation ; dans ma famille
on a toujours apprécié les voyages. Mes grands-parents
paternels vivaient simplement ; ils n'étaient pas riches
mais n'étaient pas pauvres. En bons Normands, ils
traitaient leurs affaires avec soin et malice ; ils étaient
d'une honnêteté, d'une droiture exemplaires. Ils avaient
bonne conscience et souffraient peu de conflits intérieurs : « sévère mais juste » était dans leur bouche un
grand compliment. Ils étaient aussi des catholiques
pieux ; deux de mes grands-tantes étaient sœurs de
charité et un grand-oncle gérait une communauté de
religieuses. Leur foi était simple : chez mes grands-
parents, pendant les vacances, nous retournions notre
chaise avant les repas et l'utilisions comme prie-Dieu.

Mon père, peu bavard, parlait rarement de son
enfance. Il m'a pourtant raconté qu'un jour, âgé de huit
ans, dans un chemin creux, sous un tunnel d'ormes, son
propre grand-père s'était tourné vers lui :
« Pierre, tu vas à l'école. C'est bien. Toi, tu sauras
lire. Mais puisque tu connais les lettres, dis-moi ce qu'est
inscrit dans cette empreinte de cheval...
– Mais, grand-père, il n'y a pas de lettres !
– Pierre, il y a quelque chose d'inscrit là, il faut que
tu connaisses cette écriture...
– Je ne vois rien...
– Si tu regardes attentivement, tu sauras que cette
empreinte est celle de la « grise ». Et tu liras qu'elle
a déjà perdu trois clous et que si elle va comme cela
à Laigle samedi, elle reviendra sans fer et blessée... Tu
as compris, Pierre ? Il y a aussi des écritures sans lettres.
Il faut les comprendre aussi pour se débrouiller dans
la vie... »
Quand mon père commença à me parler de son métier,
je compris qu'il avait retenu la leçon : il savait déchiffrer
les messages sans lettres, lire la simplicité des faits et

découvrir ce que cachent les apparences. Il n'avait pas repris la terre familiale. Son grand-père était mort en demandant que le jour de son décès douze pains de douze livres soient distribués aux pauvres. Sa mère, ma grand-mère, était une femme que son mari et ses enfants appelaient la gamine. Elle était de petite taille, délicate, spirituelle et inspirait le respect. Encore aujourd'hui, j'évoque le souvenir de cette grand-mère avec plaisir.

Mon père et ma grand-mère en 1950.

Mon père avait rêvé de devenir décorateur, il dut abandonner son projet et fit des études chez les frères de Ploërmel. Curieusement, dans notre famille, nous sommes tous un peu décorateurs. Vers 1925, mon père éprouva une vive envie de voyager, fit son apprentissage de boulanger et partit vers l'aventure, il a dix-sept ou dix-huit ans. Son vagabondage va durer plusieurs années et, à la recherche d'emplois précaires, l'emmener jusqu'en Italie. Il souffre de la faim et ne l'oubliera pas : plus tard, il lui arrivera souvent de glisser une miche à un client nécessiteux. Il se fait embaucher à Menton : il travaille dix à douze heures par jour, sept jours par semaine ! Ses courtes périodes de repos, il les met à profit pour laver dans la rivière des sacs vides de farine récupérés dans les boulangeries, et qu'il expédiait en Normandie où ils valent quatre fois plus !

Il pousse jusqu'en Italie, comparant les techniques, accumulant de l'expérience – et le goût du travail bien fait. C'est la maladie qui le ramène à la maison : il a un ulcère au bras. Il mettra deux ans à guérir, occupant ses loisirs à exécuter des sculptures sur bois, accompagnant le médecin local dans ses tournées, ce qui lui donnera une véritable culture médicale.

Au début des années trente, mon père « monte » à Paris dans l'intention de s'y installer comme boulanger. Il travaille d'abord dans plusieurs grandes maisons dont la célèbre boulangerie-pâtisserie Loiseau puis, en 1932, après la mort dramatique de sa femme, il se met « à son compte » dans le VIᵉ arrondissement, entre Saint-Germain-des-Prés et Montparnasse, au 8 de la rue du Cherche-Midi.

C'est une mauvaise adresse. D'abord, la concurrence est très dure. Il y a cinq boulangeries au moins dans un rayon de quelques centaines de mètres. Ensuite la boutique, la plus petite du quartier, a mauvaise réputation. Des amis bien intentionnés le disent à mon père : « Lancez votre commerce, puis vendez-le vite. Vous ne ferez jamais rien d'intéressant à cet endroit. » Ah ! les conseils des spécialistes !

Mon père a un grand sens de la liberté et il n'est guère influençable. Il tient à ses idées. Il a décidé de rester là et de faire son pain à sa manière, et non pas à la tête du client. Ni lui ni son pain traditionnel ne changeront vraiment.

En 1933, un an après son installation, il rencontre celle qui allait être ma mère. Issue d'une famille paysanne du Berry – le Berry rude et âpre de la pomme de terre et du maïs, et non pas celui du vin – elle dirige une petite crèmerie succursaliste du quartier de Buci. Leurs

Charlotte Poilâne, ma mère.

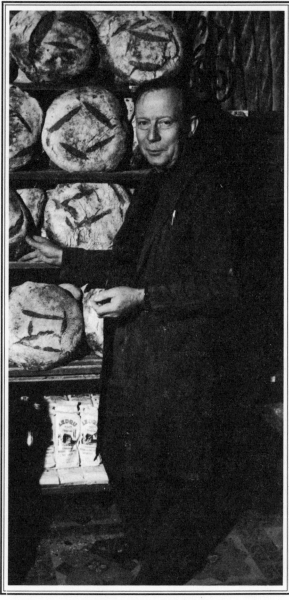

Pierre Poilâne, mon père.

tempéraments s'opposaient. Mon père était insouciant
et généreux. « Ma gestion, disait-il, c'est mon portefeuille. Quand je me tape sur la cuisse et que mon
portefeuille est plein, ça va. Si mon portefeuille est vide,
ça ne va plus ! » Il ne refusait jamais un crédit, ma mère
était angoissée et économe. Elle tenait ce caractère de
ses ancêtres berrichons, des gens qui semblent surgir
de la nuit des temps. Les Berrichons ne disent-ils pas
d'eux-mêmes : « Quatre-vingt-dix-neuf chèvres et un
Berrichon font cent bêtes » ? Mon père s'ouvrait, se
développait, elle se repliait. Ni la réussite, ni les relations
sociales, ce qu'on appelle dans tous les sens du mot le
commerce, ne l'intéressaient. Et sans que je comprisse
très bien pourquoi, elle laissa les choses se faire.

Plus tard, j'ai éprouvé sur le terrain cette différence
de comportement entre Normands et Berrichons. Ayant
entrepris de reconstituer notre arbre généalogique, je
fis un pèlerinage aux sources. En Normandie, l'accueil
était chaleureux, on m'invitait à boire avec le secret
espoir de me voir repartir à quatre pattes. Dans le Berry,
je ne rencontrai que méfiance, et on ne me laissa jamais
franchir le seuil. Significatif.

Très vite, mon père devint populaire dans le quartier
de Saint-Germain-des-Prés où, en ce temps, vivaient
surtout des rapins : l'un d'eux ayant payé sa dette par
un tableau représentant une de nos miches, le bruit se
répandit et plusieurs artistes vinrent timidement proposer à mon père des toiles sur le même sujet. Il acceptait
toujours. Je me souviens d'un pastel qui figure dans la
collection, apporté par un grand maître méconnu, Pépé
la Tringlette, qui précisa : « Ce qui est bien avec tes
miches, Poilâne, c'est qu'après la pose on se tape le
modèle ! » Ce fut le début de cette collection que je
continue. Je possède de nombreuses toiles traitant du
pain, et certaines de grande qualité. Aujourd'hui la
plupart des artistes, chassés par la hausse des loyers, ont
dû quitter le quartier. Mais j'entretiens toujours de bons
rapports avec les plus sympathiques – même si le pain
n'est pas leur unique source d'inspiration !

Quand éclate la Deuxième Guerre mondiale, mes
parents ont deux jeunes enfants, ma sœur et mon frère,
que ma mère emmène loin de Paris juste avant l'arrivée
des Allemands. Paris est vide, la boutique Poilâne est,
dans le quartier, la seule qui n'a pas fermé ses portes.
Très vite, la farine manque, puis le bois. Pour offrir le
minimum, mon père doit user d'astuces en permanence.
Une de ses astuces lui permettra de maintenir sa
production pendant toute l'Occupation : il a eu connaissance de l'existence d'un important stock de farine dans
un entrepôt, à l'une des portes de Paris. Personne,

semble-t-il, n'est au courant. Mon père propose alors
aux pompiers de l'arrondissement avec lesquels il
entretient de bonnes relations d'aller chercher cette
farine et de la livrer régulièrement chez lui. En échange,
il leur fournira du pain. Cet accord imprévu fonctionna
longtemps ! Et aurait fonctionné sans difficulté si les
Allemands, qui avaient installé un quartier général à
l'hôtel Lutétia, tout proche, ne s'étaient avisés de
réquisitionner la boulangerie Poilâne. Il n'y avait qu'à
obéir : ce que fit mon père, tout en continuant à servir ses

clients et les pompiers. A la Libération, certains
tentèrent de l'accuser de collaboration. Mais tout bien
considéré, et surtout les services rendus aux clients,
on lui proposa finalement la médaille de l'approvisionnement.

La vie redevint progressivement normale, et le taux
de production du pain correspondit de nouveau à celui
de la demande. Après cinq années de restrictions, de
privations, les Français étaient avides de pain, et plus
spécialement de pain blanc. Pourquoi ? Par réaction
contre le pain noir, le pain ersatz, dans lequel on trouvait

beaucoup d'éléments, certains incomestibles, symbole
des années noires. Cette tendance n'était pas née de
l'Occupation : depuis des générations, le pain blanc était
le pain bourgeois, par opposition au pain noir des
pauvres. Pour comprendre ce phénomène, il faut savoir
que 100 kilos de blé rendent plus ou moins de farine,
selon le taux d'extraction. Plus on extrait, plus la farine
tourne au gris, s'assombrit, car on réintègre la partie
périphérique, donc le son, qui est plus brun. Et comme
on extrait davantage quand la période est difficile,

l'identification du pain noir à la pénurie fait partie de
la mémoire collective !

La logique eût voulu que mon père, la paix revenue,

se soumît à l'air du temps, et se mît à fabriquer du pain
blanc pour satisfaire le goût du moment. Mais j'ai
expliqué que mon père était un homme de décision et
de fidélité. Il reprit sa fabrication traditionnelle de « pain
de ménage », dont la couleur évoquait un passé récent
et douloureux. Il était à peu près le seul à procéder de
la sorte, contre tous les courants d'intérêt, et au mépris
des autorités professionnelles. Cela créa des problèmes.

Je n'en ai pas le souvenir : je suis né quelques mois
après la libération de Paris, et j'étais trop jeune pour
comprendre. Mais mon père a souvent évoqué pour moi
ces moments difficiles. A l'occasion d'une réunion de
boulangers et de consommateurs, dans les premières
années cinquante, il fut pris à partie très violemment :
pourquoi, la paix revenue, Poilâne s'obstinait-il à faire
du pain gris ? Ils imputaient à scandale la décision de
mon père. A cette époque, il y eut même un conseiller
du ministère du Ravitaillement, le professeur Terroine
– d'ailleurs fils de boulanger – pour déposer un projet

de loi interdisant la fabrication du pain bis ! Scandale ou non, projet de loi ou non, mon père tenait bon.

Aujourd'hui, trente ans plus tard, j'admire son calme et sa sécurité. J'avais à peine plus de dix ans quand il m'emmena à une conférence consacrée à l'alimentation, salle Wagram, à Paris. En tant que boulanger, il fut interrogé sur la baisse de qualité du pain ; il déclara : « Je ne suis pas de ceux qui demandent un décaféiné et vont ensuite chez le pharmacien acheter des excitants ! » Il faisait par ce propos allusion au germe de blé qui, sous un faible poids, renferme une forte teneur en vitamines, et qui est soustrait très souvent de la farine panifiable pour être revendu séparément, à gros profit, comme reconstituant. Ce que mon père défendait, c'était l'idée de simplicité dans la fabrication du pain. Il adressait aussi une mise en garde aux apprentis sorciers qui, sous prétexte de rentabilité, d'esthétique ou de toute autre justification technique, dénaturaient leur produit. Je me souviens très bien des réactions de l'assistance. A cet âge, les perceptions du monde adulte sont déjà très aiguës. Le public très varié, hétéroclite même, réuni par l'Association française de la recherche pour une alimentation normale, réagit très favorablement aux

propos de mon père. Le professeur Keilling l'approuva :
« La liberté que nous venons de retrouver, s'écrie-t-il,
c'est aussi celle de fabriquer et de manger le pain qui
nous plaît, blanc ou noir ! »

Aujourd'hui, je reste sur cette impression très forte
de mon enfance. L'idée conductrice exprimée par mon
père s'est renforcée par l'expérience. Le bon choix est
dans le respect de la tradition, qui est sagesse accumulée,
dans la simplicité et la modération. Une farine blutée
du type 70 (le blutage est l'action de tamisage qui sépare
la partie blanche de la partie bise du blé) donne un pain
bis, pas trop blanc, pas trop bis. Un pain idéal pour le
plaisir gastronomique que je recherche, et le genre de
satisfaction digestive que je souhaite.

C'est peu après cette réunion de la salle Wagram, où
mon père défendit ses idées, qu'est née ma vocation de
boulanger, si on me passe l'expression. J'avais un peu
plus de dix ans. Dans la salle à manger familiale, j'étais
habitué à la question rituelle : « Et le petit Lionel, que
fera-t-il plus tard ? » Je sentais alors le regard de mon
père s'appesantir imperceptiblement et je m'entendais
répondre : « Je serai boulanger ! » Bien qu'entre mon
père et moi la question n'ait jamais été abordée
directement, je n'osais même pas envisager les réactions
de mon père si j'avais répondu différemment.

En vérité, une seule chose me semblait évidente : je
voulais réussir ma vie. Je réfléchissais moins au moyen
d'atteindre mon but qu'au but lui-même. J'avais une
passion secrète pour les avions et pour tout ce qui vole,
mais je ne jugeais pas utile de l'exposer dans le contexte
familial. Et cette passion ne me semblait pas contradic-
toire avec mon avenir de boulanger. Avec le recul de
vingt-cinq ans, je mesure la fragilité de cette construction
psychologique, mais aussi je constate que les rêves

Lionel Poilâne, à quinze ans.

d'enfants se réalisent : je suis boulanger et je consacre
une partie de mes loisirs à piloter.

Écolier, je parlais peu du métier de mon père, et pas
du tout de mes ambitions : pour les professeurs de
l'enseignement laïque, celui qui se destine à un métier
manuel est plutôt un raté. Je n'ai jamais admis l'échelle
de valeurs des intellectuels laïques. Ni même l'attitude
de nos dirigeants chargés de la revalorisation du travail
manuel. Ils s'occupent des travailleurs manuels avec un
décalage aussi grand que celui qui séparait Mme de Main-
tenon de ses pauvres. Un de nos maîtres, le plus redouté,
n'hésitait pas à me dire avec mépris : « Si vous continuez,
Poilâne, vous serez boulanger ! » Il ajoutait parfois :
« Mallarmé, lui, étudiait à la lueur du four paternel ! »
Plusieurs fois, j'ai quitté la classe, humilié, en sanglotant.
Un des maîtres, heureusement, me rendait confiance. Il
s'appelait Mazier, c'était un Auvergnat. Avec lui, je
pouvais parler du métier de mon père. De temps en
temps, je lui apportais un de nos pains et il me disait :
« Cela me rappelle la tourte, le pain de chez nous. Quel
plaisir ! » Grâce à lui, je compris que les travailleurs
manuels – souvent bornés – et les intellectuels – presque
toujours bavards – peuvent s'incarner en un homme de
mesure. Un jour qu'il distribuait des photos portraits des
élèves, accompagnées de commentaires, il dit : « Poilâne... (un silence)... l'homme de l'avenir », toute la
classe a ri. Moi aussi. Mais je n'ai pas oublié.

Peu après, je fis ma première expérience de boulanger.
Mon père m'avait déjà autorisé à venir visiter le fournil
avec des camarades. Cette fois, il nous permit de faire
un pain. Mon premier pain n'était pas très gros, un peu
déformé, mais il me parut plus beau que les autres. Je
le trouvais, honnêtement, meilleur que celui que j'étais
habitué à manger, et plus parfumé. Il me fit un immense
plaisir, je l'avais fait moi-même ! J'en étais comme ébloui.
Avais-je réveillé quelque chose de lointain, de préhistori-
que, enfoui au fond de chaque être ? Aujourd'hui, en
revivant cette émotion intense, je pense au proverbe
chinois : « Si tu donnes un poisson à un pauvre, il se

nourrira tout un jour, si tu lui apprends à pêcher, il mangera toute sa vie. »

Mon père avait profité de cette occasion pour me rappeler que rien ne devait être perdu, pas même la plus petite parcelle de pâte sèche collée aux mains. Sur le moment, cela m'avait paru une manifestation extrême, sinon excessive, du sens de l'économie. Je ne compris que plus tard l'importance de cette notion. Dernière observation, j'avais remarqué que le plaisir pris par certains de mes camarades à fabriquer leur pain était vif, mais le mien était de nature différente. J'étais fils de boulanger. Plusieurs de mes copains présents dans le fournil ne savaient pas exactement quel métier exerçaient leurs parents ! En vérité, cela me dépassait... Il est vrai qu'on s'y perdait dans l'arsenal abstrait des titres et des fonctions comme contrôleur de gestion, fondé de pouvoir, chargé de mission... Je ressentais comme inconcevable d'être le fils d'un monsieur dont on ignore l'activité. Moi, je connaissais les gestes de mon père, le sens de ses efforts et, intuitivement, la marche de ses affaires et la vie de la maison tournaient naturellement autour de son activité et de ses consé-quences. Cela me semblait valorisant. A ce propos, j'ai eu connaissance, beaucoup plus tard, d'une statistique, réalisée à la demande d'un institut de formation pour les affaires, sur les origines sociales des meilleurs élèves : ceux qui venaient de famille d'artisans ou de petits commerçants obtenaient les meilleurs résultats. Et à l'intérieur de ce groupe, les fils de boulangers étaient en tête. Le couturier André Courrèges, fils de boulanger, me disait récemment : « Je crois que tous ceux qui ont vécu dans ce milieu savent combien il est dur et formateur... » René Barjavel : « Je suis cuit comme le pain de mon père... il m'a pétri de ses bonnes intentions et je sors de sa fournée » (cette phrase symbolise la relation entre le pain et l'idée de procréation, dont je parlerai plus tard) ; Louis Ferraud, un autre couturier, dont le père était boulanger à Arles : « Cet homme qui faisait le pain m'a appris sans parler les vérités importantes de la vie. » Et bien d'autres, comme Louison Bobet, Bernard Clavel, etc.

C'est pendant l'été 1959, un été très doux, que, de ma propre initiative, je proposai à mon père de l'aider à la boulangerie. Je venais d'avoir quatorze ans, j'étais dans une situation un peu particulière. Entre mon père et moi, rien n'avait été décidé, ni même envisagé, mais il exerçait une pression muette qui signifiait : « Je t'attends, mais je veux que la décision vienne de toi-même. » En lui confiant mon désir de travailler avec lui, j'eus le sentiment de quitter définitivement le monde des enfants, et bientôt de vivre une autre vie, qui me transformait.

J'étais devenu un apprenti : à la boulangerie, je ne travaillais pas avec mon père – je n'aurais pas supporté qu'il m'apprenne le métier, je trouvais qu'il n'avait déjà que trop pesé sur mon destin d'homme – mais j'eus le même apprentissage que lui. Je travaillais de 6 h 30 le matin à 6 ou 7 h le soir, avec un temps d'arrêt pour déjeuner. Mon compagnon de travail s'appelait Jacques, c'est lui qui m'a appris le métier. Il avait fait le pain sur les bateaux, au début du siècle, et cet arrière-plan d'aventure me plaisait car il s'opposait à l'esprit de métier, qui me semblait déjà restrictif.

En trois ans, Jacques m'a appris le métier par contact. Je l'observais et l'imitais. Au fournil, son gestuel confinait à la chorégraphie. En short et en espadrilles, il accomplissait jour après jour, à la seconde près, la même série de mouvements enchaînés, sans perte d'énergie. Je n'ai retrouvé chez aucun compagnon ce niveau de qualité professionnelle. Il préparait le bois pour le mettre à sécher devant le four en deux enjambées, passait devant le four, donnait un coup de brosse, nettoyait la balance et les coupe-pâte, allait s'essuyer le front avec la serviette laissée à l'abri de la poussière de farine, puis continuait à balayer le devant du four. Très fin, avec un physique de danseur, Jacques était d'une propreté méticuleuse.

Cette sorte de défi quotidien qu'il lançait au métier en démontrant que l'on peut être boulanger sans avoir nécessairement la gueule enfarinée me plaisait énormément.

Avec lui, j'ai appris, par exemple, à parler en travaillant. Il est très facile de s'arrêter de travailler pour donner une explication ; c'est même naturel. Savoir, par contre, donner des consignes ou même parler de la pluie

et du beau temps sans s'arrêter de travailler, cela s'apprend. C'est une petite discipline passionnante qui a une certaine incidence sur la productivité. Avec lui, j'ai aussi appris à balayer, tâche assez insignifiante mais qui peut être faite avec beaucoup de soin et apporter des satisfactions. La façon dont un boulanger apprenti balaye le fournil révèle immédiatement son sens du soin et de la propreté. C'est un test irréfutable que j'ai utilisé très souvent.

Je fis la découverte d'aspects plus ennuyeux du métier : un apprenti peut passer des soirées entières à graisser des moules... Une fois, j'en ai gratté des centaines parce qu'ils s'étaient mis à coller et qu'à chaque fournée ils collaient davantage (ils avaient été mal préparés étant neufs). Pour qu'un moule ne colle pas, il convient de le graisser au beurre et de le faire cuire plusieurs fois à feu doux et à vide.

Casser le bois et le préparer aux dimensions du foyer,
l'empiler près du four pour qu'il sèche, faire des réserves
(pour les jours maigres)... tout cela, c'était la routine.
Les échardes, aussi, sont la routine. Un jour que je
passais un peu trop de temps pour enlever une écharde
dans la paume de ma main, Jacques me dit, abrupt et
un peu dur : « Les échardes, ça s'enlève le dimanche. »
Je n'ai jamais pu savoir s'il avait plaisanté ou s'il était
sérieux !

Après des mois d'apprentissage, je fus enfin prêt pour
le pétrin. Les éléments indispensables pour réussir une
fournée sont si nombreux, si différents et si changeants,
leurs spécificités sont d'une diversité telle qu'il me parut
très vite impossible d'établir une règle fixe, c'est toujours
mon opinion. Jouent un rôle : la température de la farine,
la température extérieure et intérieure, la puissance de
fermentation du levain, sa grosseur, sa température, la
nature de la farine qui se comporte différemment d'une
livraison à l'autre, surtout lorsque la nouvelle récolte
arrive, la rapidité avec laquelle le travail doit être
conduit, les conditions atmosphériques (humidité,
orage, etc.).

Bref, tous ces éléments jouant en combinaison, la meilleure des machines qui ait été créée pour élaborer une solution, c'est l'homme, avec sa dose de métier, de bon sens et d'empirisme. C'est aussi parce que les saisons, avec leur changement de temps, apportent des modifications importantes dans la fabrication du pain qu'il faut avoir été boulanger pendant des années pour bien les prendre en compte.

Après la pétrie, la pâte doit se reposer. Pour ce repos, on l'emmaillote sous des toiles pour éviter les courants d'air (les courants d'air forment une pellicule sèche sur le dessus de la pâte, ce qui n'est pas souhaitable). Il est important de placer cette pâtière plus ou moins près du four afin de trouver la bonne température qui, selon la saison, donnera le meilleur résultat, tout cela sans consulter baromètre ou thermomètre. A toutes ces étapes, la décision se prend empiriquement – guidée par l'expérience.

Après le repos de la pâte, vient le pesage ; la pâte qui a gonflé d'un tiers de son volume a un contact plus souple, plus charnel. Peser les pâtons qui feront autant de pains à l'aide du coupe-pâte et déposer ces pains en pâte (pas n'importe comment) sur le voile de farine léger au-dessus du tour de bois (c'est la table de travail) est l'opération ultérieure. Le petit coup de main qui consiste à prendre un morceau de pâte à la volée de 2,100 kg, et non pas de 2 kg seulement, n'est pas immédiat ; il vient avec le temps. A chaque prise de pâte, très vite, je n'eus guère à ajouter ou à retirer de la balance. Je prenais soin de déposer la pâte de manière à ce que le façonnage soit facile ; Jacques me l'avait dit : « Un pain bien pesé est à moitié façonné. » En effet, la pâte a un sens, une espèce de fil, un peu comme le bois, qu'il est indispensable de respecter pour bien former les pains (qu'ils soient ronds ou longs). L'œil exercé perçoit immédiatement la façon de prendre la pâte, et le façonneur tire parti de l'état et de la présentation de la pâte. Je n'ai jamais vu deux boulangers opérer exactement de la même façon.

Sous le regard de Jacques, je me suis essayé à l'art

délicat de la manipulation des longs manches flexibles des différentes pelles à enfourner. La dépose des pains encore en pâte à l'intérieur d'un four exige ce petit coup de pelle qui n'a rien de sorcier, mais qu'il faut acquérir. L'objectif est de remplir le plus possible le four sans « baiser » (c'est le nom que l'on donne à deux pains qui s'accolent en cuisant, par accident). Je ne me vantais pas d'avoir « baisé », mais quand cela m'arrivait, je plaçais les miches dans les étagères de façon que la « baisure » n'apparaisse pas.

Je commençais aussi à pétrir adroitement à bras ! Les ménagères le savent bien, la pâte colle affreusement aux mains. Avec un peu d'habitude, la pâte ne colle presque plus.

Pour des petites quantités, le pétrin électrique, avec sa grande cuve d'une contenance de 300 litres, n'est pas adapté. C'est pourquoi, pour les pains spéciaux, je pétrissais à la main (entre 15 ou 30 pains) dans un petit récipient de métal étamé, que je tenais de la main gauche bien appuyé sur mon ventre pour garder libre la main droite. Une petite poignée de sel, l'eau ensuite pour faire fondre le sel, un morceau de pâte de la fournée précédente, de la farine en quantité suffisante. Tout cela sans rien peser : comme un bon chef en cuisine, un boulanger doit avoir confiance en sa propre évaluation.

L'effort physique de la pétrie ne semblait pas terrible à l'apprenti peu musclé que j'étais. Je redoutais les grèves d'électricité fréquentes dans les années 1960-1965, qui m'obligeaient à pétrir à bras une fournée de 200 kg de pâte dans le grand pétrin dont je parlais plus haut. Un effort physique qui confinait à la torture. Je n'avais pas la dextérité, et pour cause, des pétrisseurs à bras du siècle dernier. Pour ces occasions, j'avais imaginé et réalisé une manivelle qui se fixait sur l'axe du pétrin (innovation douteuse). Il faut dire que le mouvement de gravité de la pâte molle, bien exploité par le boulanger qui pétrit à bras, fait une bonne part du travail de mélange par autopétrissage. Mais le pétrissage à bras reste très dur, et j'en garde de pénibles souvenirs.

Dans l'après-midi, épuisé, je montais quelques fois dans la chambre à farine m'allonger sur les sacs. C'est un endroit d'un calme relatif ; son inconvénient majeur est la densité importante de poussière de farine qui oblige à aller curativement boire un coup après une sieste d'une durée normale. Je me souviens d'un boulanger belge utilisant pour oreiller un petit sac de toile rempli de balle de sarrasin, il le jugeait très confortable. J'ai pu le vérifier par moi-même, en achetant un tel oreiller dernièrement.

La chambre à farine n'est pas toujours une chambre de repos. C'est surtout une pièce sans fenêtre dans laquelle on stocke la farine en sacs de 100 kg ; dans le plancher il y a un trou pour permettre à la farine de

passer à l'étage inférieur au-dessus du pétrin. Ces sacs de farine en toile de jute, de 100 kg au moins, je les vidais et je les manœuvrais avec difficulté. A vrai dire, je ne me suis jamais senti attiré par les travaux qui exigent une grande force physique. Je me souviens que certains garçons boulangers élevaient leur prestige au niveau de la charge qu'ils pouvaient porter... J'en ai vu qui soulevaient 200 kg et réussissaient à faire quelques pas sous la charge.

J'étais un bon apprenti, bien que nul n'ait songé à me le dire. Mon père semblait satisfait. J'écris *semblait,* car il ne m'a jamais adressé le moindre compliment. C'était bien dans le droit fil de son caractère. Il me donnait 50 francs par semaine, sur lesquels j'arrivais à faire des économies. Chaque matin, il venait m'adresser un petit bonjour. Je le revois encore, à mi-hauteur, dans l'escalier qui descend au fournil, appuyé à la balustrade. Il vient voir, non pas contrôler. J'ai les mains dans le pétrin, il me lance un petit sourire auquel je ne répondrai pour rien au monde. Je suis adulte. Je fais mon métier et je ne me laisse pas distraire ; je suis un ouvrier boulanger, comme n'importe quel compagnon.

Mais je suis aussi sensible à la routine. Très vite, j'avais décidé qu'il fallait que mon esprit travaille dans une direction différente. Pendant mes quatre années d'apprentissage j'appris le russe – ce qui ne m'a servi à rien. J'ai aussi entrepris des recherches d'ordre historique, et même archéologique, sur la vieille maison de la rue du Cherche-Midi où est installée notre boulangerie. Cela m'a amené dans plusieurs bibliothèques, et j'ai même rédigé un petit ouvrage. Je devais à tout prix remplacer les camarades que j'avais perdus, la plupart d'entre eux étaient devenus étudiants, et entre eux et moi le courant ne passait plus. Il me fallait autre chose – et je réussis à rester curieux de tout. Ce n'est pas le cas de tous les compagnons. J'avais le temps de les observer, de constater qu'ils se divisaient en deux catégories de tendance opposée. Je qualifiais la première de « princière ». Nos ramoneurs appartenaient à cette catégorie. Ils survenaient deux fois par an, à des dates régulières, et accomplissaient leur besogne, qui n'est pas spécialement noble, avec une dignité, une souveraineté qui

m'impressionnaient. En leur parlant, je constatais qu'ils étaient intellectuellement ouverts. J'étais fasciné par cette relation entre la simplicité un peu dérisoire de leur fonction et le sérieux avec lequel ils l'accomplissaient. Je les admirais.

Les réparateurs de four, les fourniers, me laissaient sur une impression opposée. A l'inverse de mes princes ramoneurs, ils m'apparaissaient comme des esclaves. Ils subissaient leur sort ! Je sentais un vide entre eux et leur travail, une sorte d'indifférence.

Je n'ai d'ailleurs cessé d'être fasciné par l'écart entre la perfection biologique de l'homme et la médiocrité courante qui en est l'expression.

Il y a un moment mémorable dans la vie de chaque boulanger : celui de sa première fournée, la première qu'il réalise complètement. Curieusement, je n'en conserve qu'un souvenir vague : j'avais si souvent répété les diverses opérations dans le désordre que leur enchaînement et son résultat ne se gravèrent pas dans ma mémoire. De même, je ne peux préciser le moment où m'abandonna la hantise des brûlures. J'avais appris à saisir les plaques brûlantes au sortir du four, en me protégeant grâce à un sac de jute. Si la toile présentait des trous, je savais les éviter. Et si, malgré toutes les précautions, je me brûlais, je savais combattre le mal : une application de corps gras (beurre, huile), si elle est immédiate, neutralise la douleur.

J'avais aussi appris à défourner les pains cuits du four avec la pelle en bois, puis à les saisir à main nue et à les déposer dans des paniers d'osier – matériau idéal. Les mains s'adaptent à la haute température de la croûte : une sorte de couche moins sensible et plus dure se forme sur les paumes. On fait appel à la technique du jongleur !

J'avais aussi progressivement amélioré ma rapidité – élément important du métier. J'avais vite compris que les compagnons les plus rapides sont aussi les meilleurs : « vite et bien » est un leitmotiv. Mon camarade Jacques était particulièrement rapide. Et cette exécution vive, parfaite, est sans doute, avec son souci de la ponctualité et de la propreté, l'aspect le plus exemplaire que je garde de son souvenir !

Quand je me penche sur cette période d'apprentissage, quelques réflexions me viennent à l'esprit. Un métier est comme une clé qui ouvre plusieurs portes – et cette clé m'apparaît un peu comme un passe-partout. Ce que j'avais appris pouvait m'être utile dans bien des domaines. Je comprenais mieux la phrase d'Alain : « L'homme qui n'a pas été apprenti est un grand enfant. » Dans cette optique, je pense que c'est une erreur de prolonger coûte que coûte la scolarité de certains adolescents : on les prive de cette occasion unique de connaître jeune les règles, les rigueurs et les fraternités du monde du travail si formatrices. A mon avis, la discipline conditionne l'éducation – et les dernières recherches dans ce domaine le confirment.

L'idée de faire mon service militaire ne me déplaisait pas : j'y voyais une sorte de rupture, de possibilité de contact, de découverte de nouvelles valeurs, de nouvelles perceptions du monde. Ce fut une déception ! Autant l'école primaire m'avait apporté de gaieté, de copains, d'énormes parties de fou-rire, autant l'armée me déprima. Seul point positif : cette période de repos physique me permit de réfléchir à ma philosophie professionnelle – et de consolider mes convictions. A ce sujet une maxime américaine me revenait souvent en mémoire : « Un homme n'est vraiment épanoui dans son métier que s'il en change tous les dix ans. » Je pensais le contraire, peut-être parce que je ne pouvais faire autrement : mon contexte familial m'avait marié avec mon métier, et le divorce était inconcevable. J'avais décidé de fuir vers l'intérieur, de pénétrer mon métier assez profondément pour y retrouver tous les autres – tous ceux que j'aurais aimé connaître. Je crois toujours à cette formule. Plus j'approfondis mon métier, plus il s'élargit ! Il a cette richesse rare d'inclure dans son champ de réflexion la politique, l'ethnologie, la biologie, l'histoire, l'art, la gastronomie et bien d'autres.

Après avoir travaillé de nuit, j'étais à nouveau « de jour », et cela me plaisait. Je commençais à considérer la boulangerie paternelle sous un jour plus commercial. J'entrevoyais des possibilités d'exploitation nouvelle. Déjà, plusieurs magasins de produits naturels s'approvisionnaient chez nous ; nous avions une bonne douzaine de clients extérieurs qu'il fallait livrer – et je m'attachais à organiser ces livraisons. Nous étions dans les premières années soixante. A cette époque, dans la boulangerie française, deux tendances se manifestaient :

– La corporation se modernisait et appliquait des méthodes de panification de plus en plus rapides.

– La consommation du pain baissait doucement et régulièrement (cela continue aujourd'hui).

Dans les années soixante, le souvenir de pénurie et de restriction était encore présent dans les mémoires, et on mangeait beaucoup de pain. L'industrie alimentaire n'était pas – et de loin – aussi variée qu'aujourd'hui. On mangeait beaucoup de pain, mais bien moins que par le passé : dans les années précédant la Seconde Guerre mondiale, la consommation moyenne quotidienne était, chez nous, de 400 grammes, soit 1/6 d'une journée de travail d'un ouvrier à 30 francs. (Pour la curiosité, notons qu'au début du siècle, pour une consommation quotidienne un peu supérieure, le pain représentait une heure sur les onze heures de travail du prolétaire. Et en remontant le temps : on en mangeait 800 grammes au XIXᵉ siècle, ou l'équivalent d'un quart du salaire quotidien). Aujourd'hui, en 1981, j'ai calculé que la consommation moyenne – 150 grammes par jour environ – correspondait à moins de 1 % d'un salaire moyen.

Un tableau illustre, dans un passé proche,
ce recul de la consommation.

CONSOMMATION NATIONALE CHIFFRÉE EN GRAMMES PAR HABITANT

1952 ..	303,5	*1968* ..	214,0
1954 ..	298,5	*1970* ..	199,0
1956 ..	282,4	*1972* ..	187,0
1958 ..	280,7	*1974* ..	182,0
1960 ..	264,1	*1976* ..	177,0
1962 ..	252,7	*1978* ..	174,0
1964 ..	236,0	*1979* ..	172,0

Exprimée aujourd'hui à travers cette statistique, la désaffection du public m'apparut très vite. Mais curieusement, nous qui avions conservé notre vieille installation, qui n'avions rien changé à nos méthodes, nous étions à contre-courant : notre production se maintenait, voire même se développait légèrement. Des « spécialistes » en boulangerie considéraient ce phénomène paradoxal avec perplexité !

Ils s'interrogeaient sur une situation qui me paraissait lumineuse. Je n'ai jamais été passéiste ou rétrograde. Je suis au contraire fasciné par le progrès et l'évolution des techniques. Je considère les super-jets, ou les machines de type microprocesseur, comme les cathédrales de notre siècle. Mais je crois que pour faire le pain, rien ne remplacera jamais le geste de l'homme, affiné par des centaines, des milliers d'années. En boulangerie, chaque fois qu'une machine ou un moteur ont pénétré dans un fournil, le progrès réalisé a toujours été dans le sens du pratique, du rendement, voire de l'esthétique. Jamais dans celui de la réelle qualité ! Je suis conscient de l'ambiguïté du mot progrès : lorsqu'on en parle en boulangerie, je reste sur mes gardes. J'ai utilisé un certain temps une machine à façonner les petits pains : il y avait gain de temps, mais la pâte souffrait du choc de la machine. Matériau fragile, si délicat qu'une différence d'un degré centigrade dans un courant d'air frais peut modifier son comportement, la pâte ne réagissait plus de la même façon. Un jour la machine à façonner les petits pains tomba en panne. Je ne la remis plus en service !

Bien sûr, il peut sembler facile de faire l'éloge de la main – cette merveille. Mais aucune machine, même poussée à un point de perfectionnement inconcevable, ne sentira la pâte, ne la travaillera, appréciant instantanément ses faiblesses ou ses qualités. Chaque fois que j'ai fait un pain de mes mains, j'ai ressenti l'impression confuse que quelque chose de moi-même passait dans le produit. Je ne suis pas mystique, mais il faut admettre que certains objets – je pense à des marionnettes

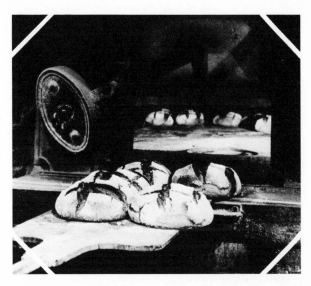

anciennes par exemple – sont habitées ; de même, certains pains qui portent la signature de celui qui les a façonnés. Un ami chirurgien me disait récemment que pour animer la main, le cerveau réserve et utilise autant de volume que pour tout le reste du corps ! Dans ce dénuement matériel, dans cet univers fruste, qu'est le fournil, il ne faut pas se fier aux apparences. J'utilise, en réalité, le matériel le plus sophistiqué, la machine la plus extraordinairement complexe, et la plus au point, l'homme. J'ai aussi remarqué, à l'occasion de voyages et visites en France et à l'étranger, qu'une constante s'impose : plus les fournils sont modernes et automatisés, moins bon est le boulanger.

J'ai compris très vite que, peut-être au niveau inconscient, nos clients étaient sensibles à cette vérité particulière du travail à la main, sensibles aussi à l'homme qui se profile derrière le produit. Une anecdote illustre cette affirmation : il existe en France un boulanger qui a une petite usine et sert des boulangeries froides – où on ne fait plus le pain – en d'autres termes des

points de revente. Devant une certaine réticence de
la clientèle, qu'il a perçue, ce commerçant a fait
aménager dans chaque boulangerie des portes discrè-
tes sur l'arrière pour réceptionner la marchandise.
Ainsi est entretenue l'illusion que le pain est fait sur
place.

Peut-être plus encore que celui de ma première
fournée, fut important, pour l'apprenti que j'étais, le jour
où Jacques tomba malade. La responsabilité du travail
de nuit me revenait en partie. Je n'étais pas mécontent :
fils du patron, j'avais le sentiment d'être privilégié dans
mon poste de jour. Il m'apparut juste et indispensable
de connaître ce que je considérais comme la part la plus
pénible du métier.

J'ai changé d'opinion depuis : la nuit a ses avantages
– et beaucoup de boulangers préfèrent le travail
nocturne. Mais, à l'époque, je l'ignorais. Soudain, ma
vie basculait. Je me revois vivant cette aventure.

Il est une heure du matin quand la sonnerie du réveil
m'arrache à un sommeil où j'ai plongé la veille, en début
de soirée. Tâtonnant, j'arrête la sonnerie et me lève
aussitôt. Opération pénible. J'évite d'allumer pour
épargner à mes yeux un excès de luminosité. Tout se
passe dans le plus grand silence : réveiller ceux qui
dorment sous prétexte que l'on a soi-même quelque
chose à faire est du domaine de l'insolence. Ma technique
de préparation sans bruit est au point. Me voici prêt.

Je suis dans la rue. Il fait froid. C'est l'hiver.
Curieusement, j'ai chaque matin et au même endroit,
en quittant notre immeuble, cette même pensée à propos
d'un conseil de mon père : « Vois-tu, lorsque tu sors
du chaud vers le froid (ce qui est courant en boulangerie), stoppe ta respiration le plus longtemps possible
juste avant de sortir ! » Ce truc permet, en accélérant

le rythme cardiaque, donc la circulation du sang dans les artères, de se réchauffer. En faisant démarrer mon vélomoteur, je poursuis les apnées pour augmenter l'effet d'échauffement. Je pars. J'emprunte des rues désertes selon un itinéraire connu de moi seul et qui, de point de repère en point de repère, me conduit à la boulangerie. Telle fenêtre toujours éclairée à cette heure tardive le sera-t-elle aujourd'hui ? Ce café sera-t-il encore ouvert ? Comme tous les gens qui travaillent la nuit, je suis sensible aux détails qui rythment la vie nocturne. Sans nul doute, je leur accorde une importance démesurée. Ceux qui sont dans mon cas me comprendront.

Une heure et demie. Je suis devant la boulangerie, rue du Cherche-Midi. La rue est tranquille. La boutique aussi. Pas d'employé, pas de pain en vitrine ni sur les présentoirs. La boulangerie ressemble à un décor vide. Mais pour peu que je tende l'oreille, du sous-sol me parvient un léger bruit familier. Mon compagnon de travail est déjà arrivé. Le couloir est tiède. Je dépose mes

affaires dans un placard puis, en short et maillot de corps, chaussé d'espadrilles, je marche jusqu'au haut de l'escalier qui conduit au fournil. J'en connais chaque marche. Cet escalier fort raide, je l'ai monté et descendu des milliers de fois ; j'y ai charrié des centaines de tonnes de pain. Il débouche sur une pièce moyenâgeuse au plafond de laquelle des voûtes romaines se contrarient. La chaleur qui y règne est bien agréable, elle n'a rien d'excessif pour qui vient de traverser les rues froides de Paris. Cette chaleur s'accompagne d'une odeur de pâte, de cuisson, et aussi de celle, plus subtile, de la fermentation, à peine perceptible par moi tant le phénomène d'habitude est grand. L'air est sec, il sent le feu de bois, et le volume qui le contient est si bien équilibré, malgré l'apparente exiguïté des lieux, que c'est finalement un endroit idéal pour deux hommes qui, comme nous, vont avoir du pain sur la planche !

Mon compagnon et moi, nous nous saluons sans exubérance. A cette heure, le corps est un peu raide, les mouvements sont économisés au maximum, pas de gestes inutiles, pas de gaspillage d'énergie. Ses cheveux sont déjà blancs de farine : je lui ressemblerai bientôt. En quelques mots, nous nous répartissons la ligne générale du travail : il me livre son impression sur la température du four, me met en garde sur celle de la farine. Il s'occupera des petits pains aux noix et aux raisins en plus des cakes, et je m'occuperai, moi, de la première fournée de pains. C'est tout. De nouveau, un silence de cathédrale.

J'entends le bruit d'une moto. Depuis que je travaille de nuit au fournil, cette moto passe au-dessus de nous toujours à la même heure, sauf le samedi je crois. J'aime entendre le bruit de son moteur, il ordonne un univers où, sans point de repère, ma pensée chevaucherait des nuages. J'ai besoin de repère.

Curieusement, un jour, cette moto, qui pendant des mois a ponctué ma vie, n'est plus passée. Et cette absence a déclenché chez moi, pendant le travail, une somme de rêveries considérable. L'inconnu avait-il déménagé ?

Avait-il eu un accident ? Changé d'emploi ? Acheté une voiture ? La vie nocturne engendre une psychologie étrange où l'on rêve un peu tout éveillé. Je me souviens avoir passé des heures entières sur ce détail insignifiant.

De même, j'entendrai plus tard passer le laitier, puis le livreur de farine, une fois par semaine, les éboueurs relativement ponctuels, puis, enfin, les vendeuses arrivent vers sept heures du matin !

Tous les objets à l'intérieur du fournil sont des outils très simples, voire archaïques que je connais par cœur. A trois heures du matin, je pourrais presque travailler les yeux fermés. Avec ses voûtes, ses murs épais et ses portes donnant sur des salles plus souterraines encore, cette pièce du XIIᵉ siècle favorise le rêve.

Sur toute la largeur et la hauteur du mur gauche, à l'endroit du fournil, s'étagent des claies de bois ; sur ces présentoirs, plus tard, vont s'entasser les petits pains, les tartes, les cakes, les petites choses. En face se détache une table plutôt grande, la table de travail (le tour), avec à son extrémité un baquet en bois où aboutit le tuyau en toile : la manche à farine, laquelle monte jusqu'au plafond car les sacs sont entreposés en haut ; on les vide en ouvrant une trappe et la farine descend par gravité dans cette grosse manche de toile. A droite de cette table, près d'un robinet, dans un coin, trône le pétrin, une grosse cuve en aluminium surmontée d'une espèce de robot constitué d'une sorte de pince à deux bras. Ce pétrin a un mouvement lent. Au plafond est suspendue une claie de fer noircie sur laquelle reposent différentes pelles à enfourner, grandes et petites, larges ou étroites. Elles surplombent ce qui, par sa position au fond de la pièce, représente le point haut du fournil et en constitue le haut lieu ; de même, dans une église, l'autel attire le regard et concentre l'attention des officiants ; d'ailleurs le devant du four s'appelle l'autel. Pour l'heure, le four est fermé par une porte en fonte noire.

Le four a été chauffé la veille jusqu'à la fin de l'après-midi. Il est encore tiède. On y ranimera le feu quand le travail sera bien avancé.

A gauche du four, dans un coin, sont entassés des petits paniers en osier, de forme ronde : les panetons vides, attendant la pâte qui viendra s'y reposer.

Le premier geste du boulanger consiste à prendre connaissance des commandes. A sept heures du matin tout doit être cuit et présenté au magasin. Ces commandes sont souvent prévisibles, car la boulangerie est une activité ponctuelle, voire monotone et le boulanger lui-même est un homme d'habitude et de régularité. En règle générale, les commandes sont fonction du jour de la semaine (toutefois, on ne fera pas autant de pain un jour ordinaire qu'à la veille des fêtes ou de départ en vacances), certes en fonction de ce qui reste de matière première, mais aussi en fonction du temps qu'il fait. Le temps est un baromètre invariable pour les ventes : s'il fait froid, les gens mangent plus de pain ; s'il pleut ou s'il fait chaud, ils en mangent moins. C'est pourquoi la caissière note le temps chaque jour. Ainsi, on peut prévoir les ventes, avec assez grande certitude, d'une semaine sur l'autre.

Aujourd'hui, la feuille de commande, enregistrée en un clin d'œil, indique :

3 pains décorés, 60 petits pains au chocolat, 250 croissants, 70 petits pavés aux raisins, 500 petits pains aux raisins, 3 fournées de pain de blé, 1 fournée de seigle.

Le second geste du boulanger : aller voir dans le pétrin l'état du levain. Cette opération a sans doute fait l'objet d'une mise au point au moment de la passation des pouvoirs, mais c'est un enregistrement essentiel et aussi une source de conflit entre nous. Chaque boulanger approche le travail avec un tour de main particulier et l'état du levain, la passation du levain plus exactement, est une affaire qui ne va jamais sans observation du genre : « Ton levain n'est pas poussé » ou « ton levain ne bouge pas » ou encore « ton levain est pourri » (mot qui signifie trop fermenté).

De la qualité du ferment laissé la veille dépendent la qualité du pain que l'on fabriquera la nuit et le style de méthode à appliquer en fonction de son état.

Deux heures du matin. Je commence mon travail en allant dans la pièce à côté du fournil pour préparer du bois. Le four en consomme chaque jour un mètre cube et demi. Nous avons plusieurs sources d'approvisionnement permettant une certaine souplesse. Le problème de bois est permanent. Ainsi, il m'est arrivé au début de mon apprentissage, lorsqu'on manquait de combustible, de passer des heures à ramasser du bois de récupération. Après avoir préparé le bois, je retourne au pétrin. Pâte odorante et douce comme la chair, le levain repose dans sa cuve en bois. Ce levain nous a été légué par l'équipe précédente ; celle-ci a, selon l'expression, laissé un « chef ». C'est la « mère » pour nous en boulangerie, ou le « pied de cuve ». A ce « pied de cuve », je rajoute 20 kg de farine sur laquelle je fais couler une dizaine de litres d'eau chaude. Selon que ce « pied de cuve » est plus ou moins important, il déclenche plus ou moins vite la fermentation du levain.

Pour qu'il y ait un bon ensemencement, le levain doit monter au-dessus de l'eau ; s'il reste sous la surface, c'est qu'il n'a pas assez fermenté. Après la pétrie, je garderai un morceau de pâte – un « chef » – afin de réensemencer le futur levain.

Les opérations successives qui vont permettre à cette pâte encore informe qu'est le levain de devenir du pain vont durer six à huit heures. On le « passera » en « planche », c'est-à-dire qu'on le sortira du pétrin et on le découpera en masse de dix kilos que l'on jettera dans une cuve de bois où il reposera durant une heure encore, où il « prendra du repos », au cours de la phase dite « pointage en pâtière ». Viendront ensuite la phase du façonnage, c'est-à-dire la mise en forme de la pâte, puis la mise en panetons, puis du repos de la pâte en panetons, et enfin celle de la mise au four. Compte tenu qu'il faut un quart d'heure pour enfourner, une heure pour la cuisson, un autre quart d'heure pour défourner les miches, et une demi-heure de plus pour chauffer le four à nouveau, les fournées s'enchaînent les unes aux autres toutes les six heures, mais elles sont en réalité plus rapprochées, car tandis que l'une fermente, l'autre est au pétrin et la troisième au four, etc. Il y aura une fournée à six heures, une seconde à neuf heures, une à onze heures, une à treize heures, une vers dix-sept heures et peut-être une dernière, selon la demande, vers dix-huit heures. A trois heures du matin, c'est le coup de pompe. Trois heures est une heure fatidique, c'est comme le haut de la côte. Les gens qui travaillent la nuit considèrent trois heures comme un cap à passer. D'après les spécialistes, il semble que ce passage soit le plus pénible. Des tests à ce sujet ont laissé apparaître que c'est le moment de la nuit pendant lequel on enregistre le plus grand ralentissement, ainsi que la plus grande dégradation du vocabulaire.

Quatre heures : le moment de pétrir la fournée. Cette opération exige de l'expérience, car elle nécessite une appréciation instinctive sur le comportement de la pâte.

La pétrie dure six à sept minutes. Le pétrin une fois arrêté, vient maintenant une des phases pénibles du travail, celle du passage en planche. Il s'agit de passer la pâte hors du pétrin pour le libérer et rendre possible la préparation du levain pour la fournée suivante. Une cuve en bois reçoit la fournée à l'état de pâte ; je coupe du pétrin, vers cette pâtière, des morceaux de pâte de 10-15 kg. Ce total de 150 kg de pâte représentant une fournée est ainsi passé en pâtière en 4-5 minutes. La vitesse d'exécution est importante à ce stade. La pâte restera là, en repos, entre une heure trente et deux heures.

Quatre heures trente. Mon compagnon défourne les petits pains et les pains aux raisins. Les gros pavés aux raisins sont plus longs à cuire, il les défournera plus tard. Devant le four, il faut agir avec précaution : la température du pain permet de le prendre à la main, mais à condition de jongler avec. Une astuce rend possible, en conservant sur les mains cette pellicule sèche issue de la pâte sèche, d'opérer comme avec un gant, ce film protecteur servant d'écran. La propreté est indispensable dans un fournil, mais je ne me suis jamais lavé les mains avant de défourner afin de conserver cette fine couche de pâte sèche.

Cinq minutes pour balayer le fournil. Cinq autres pour souffler et parler un peu : du travail qui est en train de se faire, de l'information que vient de donner la radio. Rarement de nous-mêmes. Les boulangers sont plutôt des gens silencieux pendant leur travail. Le travail de nuit pèse à la longue sur les caractères. L'image classique du boulanger hagard, les yeux rougis, le teint blafard, avec une expression un peu lunaire, a un fond de réalité : il m'est arrivé de parier pour moi-même que tel homme qui était devant la boulangerie un jour à midi était un boulanger... La vérification n'est guère facile... Après avoir invité l'homme à visiter le fournil, ce dernier m'avouait : « Oh ! vous savez, je connais, je suis du métier ! »

Cinq heures trente, toujours la radio. J'aime la musique, les informations, mais ce phénomène de communication à sens unique qu'est la radio finit par m'indisposer.

Nous allons attaquer, car on attaque une fournée, le pesage et le façonnage de la pâte. Je découvre la toile de jute qui recouvre le dessus de la pâtière afin d'éviter que le dessus ne croûte. Et, d'un geste automatique, je prends le pouls et la température de la pâte. Ce geste rapide donne les informations nécessaires sur l'état de fermentation et d'aptitude à la bonne tenue de la pâte : cette appréciation immédiate, c'est un aspect important du métier.

Le pesage, aussi. Chaque pain est pesé à deux kilos deux cents et l'homme qui dépose sur les plateaux de la balance peut avec assez d'habitude en couper trois sur quatre au poids juste ! La marge d'erreur ne dépasse pas 3 ou 4 %, et la balance ne sert qu'à confirmer. *Le façonnage,* qui consiste à faire d'un morceau de pâte une boule ou un pain allongé, exige pas mal d'habitude également. Cette opération vise à rendre la soudure (que l'on a autrefois appelée la signature du boulanger, car elle est différente pour chaque homme) la moins visible possible. Elle doit se retrouver sous le pain.

Chacune de ces boules est déposée dans un petit berceau en osier, le paneton. J'ai un faible pour ce matériau modeste et chaleureux qui peut quelquefois être plus résistant que le métal. Disposés en quinconce au fur et à mesure, les panetons forment une pile que l'on recouvre enfin par une toile, le tout à proximité du four pour profiter de la chaleur et protéger cette pâte fragile des courants d'air.

Six heures. Le four est chargé de bois et 3-4 minutes plus tard, le feu fait vibrer (par l'appel d'air) la grosse porte de fonte de la bouche. C'est bon signe, le four tire bien. Et, régulièrement, je remue à l'aide du crochet les braises pour l'accélérer. Les outils que l'on touche en boulangerie appartiennent généralement au patron. Il n'y a pas, comme en ébénisterie, en menuiserie ou bien d'autres corps de métier, des outils que l'on emporte chez soi et qui suivent un homme dans sa vie professionnelle. Une exception : la lame qui sert à scarifier le pain. Ceci s'explique par le fait qu'en enfournant, la lame se trouve entre les dents, ce qui la rend personnelle.

La mise au four est un acte qui exige de l'adresse : il est délicat de manier ce long manche de pelle qui exécute des aller et retour comme un grand archet et s'arrête, chaque fois, sur l'autel du four pour se charger de pâte. Nous sommes aussi rapides que possible. Il n'est pas bon d'avoir un laps de temps trop long entre la première boule mise au four et la dernière. D'ailleurs ce temps de mise en four, ainsi que celui du pesage et du façonnage, est depuis longtemps l'objet d'une compétition discrète d'amour-propre entre nous. Un boulanger dit : « Moi, je mets au four en 13 minutes » ou... « Une fois, j'ai mis 20 minutes tout seul pour peser et façonner une fournée. » On garde nos records bien en mémoire (en prenant quelquefois nos désirs pour des réalités) et en les présentant le cas échéant avec fierté.

L'enfournement dure en moyenne un quart d'heure, après quoi on s'accorde une pause pour se rafraîchir.

Lionel Poilâne.

Le casse-croûte est généralement un peu plus tard, traditionnellement à sept heures parce qu'à sept heures les vendeuses ouvrent le magasin et font chauffer le café pour les boulangers. Le jour n'est pas loin.

Pendant la cuisson du pain, une certaine accalmie se fait sentir. C'est le moment de faire griller un peu de pain sur lequel on tartine du beurre fondu. Le lard fumé grillé en fines tranches est une merveille et je ne me lasse pas de ce mariage. La demoiselle du magasin arrive enfin, descend tout doucement l'escalier (car elle tient dans chaque main un bol de café rempli à ras bord). Cette vision de la serveuse qui descend le petit déjeuner, par l'escalier du fournil, me rappelle cette petite histoire selon laquelle, il y a déjà longtemps, les boulangers n'avaient pour seul vêtement qu'une toile de sac à farine qu'ils enroulaient autour de leur corps totalement nu. Quelque rustique que pût être cet appareil, il devait aussi être confortable. Une ficelle servait de ceinture. Pour se divertir, lors de l'arrivée de la vendeuse avec son café, le boulanger saisissait le bas de son tablier et le soulevait au maximum pour s'essuyer le front qui transpire toujours un peu... Ce geste très naturel, exécuté avec le plus grand sérieux, avait parfois pour conséquence d'éloigner la vendeuse et d'assouvir un léger besoin d'exhibition. J'ai vu beaucoup de mariages entre boulangers et vendeuses !

Les pains finissent de cuire ; leur couleur annonce le terme de l'opération. A l'aide de la pelle, j'en retourne quatre ou cinq, qui semblent brunir un peu vite.

J'ai défourné les miches, comme je les avais enfournées, deux à deux, et j'éprouve cette émotion particulière, confusément sacrée, que seul peut éprouver un boulanger ayant travaillé la pâte de ses mains : le pain sera-t-il réussi cette fois encore ? Ni trop ni pas assez cuit ? Aura-t-il une croûte épaisse comme mon petit doigt, et brune, une mie bise et qui sentira le levain ? Quelle allure aura-t-elle, cette fournée ? S'il est un moment où le mitron éprouve, avec la découverte de son objet, une curiosité que le temps ne peut émousser, c'est bien durant le défournement. Alors, les dés sont vraiment jetés, le pain entre dans la vie éphémère de la matière. Cependant, ainsi que l'écrivait Mallarmé, fils de boulanger : « Un coup de dés jamais n'abolira le hasard. » Commence alors la remontée à la main, car l'architecture de notre fournil interdit l'installation d'un monte-charge. Apprenti, j'ai vu les pierres brunies par la chaleur défiler des milliers de fois sous mes yeux.

Je dépose les miches brûlantes une à une sur les étagères de la pièce à ressuer, pièce assez aérée, sans courant d'air, où les pains vont prendre doucement la température ambiante. Le ressuage (du verbe ressuer) est l'opération ultime de la panification : elle permet au pain de perdre l'humidité que la chaleur dégage en refroidissant. On a voulu comparer le ressuage à l'affinage du fromager ; c'est une erreur à mon sens, puisqu'il n'y a pas de fermentation après la cuisson. La vapeur ainsi dégagée envahit le rez-de-chaussée et l'arrière-boutique, créant une condensation sur les fameuses vitres gravées d'allégories que l'on trouve encore dans les anciennes boulangeries. La femme est toujours présente dans les décors des vieilles boulange-ries. Ces moissonneuses, ces coupeuses de pain, ces porteuses de gerbes évoquent sans doute le temps où revenait aux femmes la tâche de fournir et de fabriquer le pain de la collectivité.

Avec la nuit terminée, les fournées appartiennent déjà à un passé que le temps brouillera.

Mon camarade a pris sa douche. Il porte sous le bras le pain qu'il ramène chez lui. Le pain gratuit pour le compagnon, c'est un usage de notre profession. Nous nous séparons en peu de mots. Chez nous, à quelques détails près, le travail de nuit se déroule toujours selon le programme que je viens de décrire. Je sais qu'il existe des boulangeries où les fonctions sont distribuées : l'un a la responsabilité du four, l'autre du pétrin, etc. Je

préfère que chaque ouvrier ait la responsabilité complète
du produit. C'est plus enrichissant.

Le travail de nuit n'a pas toujours existé dans notre
métier. On raconte l'histoire suivante : au XVIIIᵉ siècle,
un patron boulanger de la rue de la Ferronnerie, désirant
fournir à sa clientèle du pain frais avant le boulanger
voisin, fit commencer ses ouvriers une heure plus tôt,
c'est-à-dire à six heures au lieu de sept. Le concurrent
décida que le travail commencerait à cinq heures. Et ainsi
de suite : les autres boulangers, aiguillonnés, finirent par
remplacer le jour entier par la nuit entière.

De Paris, la mode du travail de nuit dut gagner les
grandes cités, puis traverser les frontières.

« Le travail de nuit vient de Paris et ne remonte pas
au-delà de 120 à 150 ans », écrivait au début du siècle
le secrétaire de la Fédérations des ouvriers-boulangers
allemands. A la même époque, une commission anglaise
fixe le début « historique » du travail de nuit en
boulangerie à l'année 1824. J'ai trouvé les traces d'un
congrès d'ouvriers-boulangers, à Stuttgart, en 1907. Une
unanimité se dégagea pour condamner le travail de nuit.
En Hollande, des dessins circulaient montrant le travail
de nuit sous les traits terrifiants d'un dragon que combat
saint Michel. Au cours d'un congrès, le représentant
italien proclama que l'interdiction du travail de nuit dans
son pays avait eu une triple conséquence : baisse de
l'alcoolisme, augmentation de la scolarité et des mariages (la trilogie du bonheur, en somme). La France,
n'avait pas participé à ce congrès : elle était opposée à
des débats internationaux sur ce sujet. Mais, à Paris, un
avocat député nommé Godard n'en prenait pas moins
l'initiative de proposer une loi tendant à interdire le
travail de nuit en boulangerie, entre 21 heures et
9 heures du matin. Ce fut un échec, et la presse s'en
félicita : « Monsieur Godard va-t-il aussi essayer
d'obliger tous les Français à se coucher à 23 heures ? »
demanda un journaliste. Et un autre : « Nous condam-
nera-t-il au pain rassis ? »

La polémique sur le travail de nuit dans notre profession n'est pas éteinte et ne s'éteindra pas demain. Pour le travailleur, ce travail crée un « contre-rythme » social, auquel il doit s'adapter. Aujoud'hui, il est en légère diminution. Cette tendance a pour cause l'installation et l'utilisation des chambres réfrigérées qui ralentissent la fermentation. Le boulanger peut faire le pain la veille au soir et se lever plus tard le matin : il ne lui reste à assurer que la cuisson. Mais cet avantage pour le boulanger se traduit évidemment par une légère baisse – une encore – de la qualité du pain.

Le travail de nuit, d'ailleurs, n'est pas considéré comme un désastre par tous ceux qui y sont astreints. Une enquête récente du B.I.T. (Bureau international du travail) de Genève, concernant le travail de nuit en général, fixe à 45 % le nombre des mécontents, à 33 % celui des satisfaits, 24 % sont partagés. Notons enfin que dans l'ensemble des pays industrialisés, contrairement à la tendance en boulangerie, le nombre des travailleurs de nuit est en fort accroissement.

Dans ma boulangerie aujourd'hui, le problème a perdu de son acuité. Les miches de pain que nous produisons se conservent plusieurs jours et, de ce fait, nous ne sommes pas à huit heures près pour la sortie du four.

Parmi les privilèges du métier de boulanger, il en est un qui me semble fort rare – sinon unique : c'est un métier complet ! A une époque où l'industrialisation favorise la spécialisation, la diversification des tâches, le métier de boulanger garde son intégrité : le bon boulanger peut, s'il le veut, continuer de choisir son blé chez un paysan qu'il connaît, il le fait moudre à sa manière chez le meunier de son choix, décide du type de mouture, met en œuvre le type de panification qu'il désire et il peut livrer lui-même le produit fini au client.

En ce qui me concerne, j'ai élaboré une boîte de conservation et de coupage pour la cuisine (voir page 25). Le métier de boulanger est à l'opposé de la tendance moderne au travail partiel ou parcellisé. Il porte loin en amont ou en aval. Sans jouer les prophètes, j'imagine qu'il sera au XXIe siècle un des derniers artisanats : si le goût du pain frais avait disparu, il y aurait

aujourd'hui en France dix ou vingt usines à pain, et le tour serait ainsi joué. Mais le goût a survécu (le pain frais n'est pas transportable sur de longues distances) et aujourd'hui, en France, 90 % du pain frais consommé est toujours cuit par le boulanger de quartier ou de village. Je m'intéresse beaucoup aux phénomènes créés par la taille des entreprises, à cette tentation du gigantisme qui est potentielle, même chez les artisans, et à la dénaturation qui en est la conséquence. Je considère qu'une entreprise dépasse la dimension humaine quand un des participants de l'entreprise, quel qu'il soit, ignore ce que font les autres. Le gigantisme peut être dangereux sur le plan de la qualité du produit, mais il l'est aussi d'une autre manière. Je me mets parfois dans la peau d'un jeune gars de dix-huit ans projeté – on pourrait écrire « déporté » – dans une zone

industrielle... Comment n'aurait-il pas envie de s'enfuir ? J'ai lu récemment l'histoire allégorique de ce village où chaque famille possédant, comme dans chaque village, un chaudron pour faire la soupe, un ingénieur – économiste-planificateur – proposa de construire un grand chaudron, dans lequel on ferait la soupe pour tous, à meilleur compte. L'idée fut acceptée, mais les difficultés surgirent dans la construction, le choix de la soupe ; puis tous les participants exigèrent de recevoir la soupe ensemble, ce qui entraîna la mise au point d'un dispositif compliqué de tuyaux distributeurs ! Et le chef cuisinier, devenu tout-puissant, se proclama dictateur !

Je suis conscient de ce risque. Il me paraît inexistant chez nous, en boulangerie – et surtout chez Poilâne. J'ai le sens de la limite. Mais il faut être aussi conscient du fait que la sauvegarde de cette dimension s'accomplit au prix du refus de l'expansion. Ce n'est pas sans risque ; pendant deux ans, j'ai refusé systématiquement de nouveaux clients. Et ce n'est pas non plus l'idéal : comme un être humain, une entreprise a sa vie propre, ses aspirations, sa dynamique, liée au désir du public. Il peut être dangereux de contrer cette tendance : notre boulangerie ayant une dynamique d'expansion, j'ai dû trouver un compromis : nous prenons de nouveaux clients de temps en temps, mais pas de manière systématique. J'essaie de me maintenir à la lisière de la stagnation, mauvaise pour le système nerveux de l'entreprise, et de l'expansion, du « boom », mauvais pour son cœur !

Cette politique sert notre intérêt, mais aussi, à mon avis, celui de notre clientèle. Elle préserve ces rapports directs, particuliers, qui se font de plus en plus rares, entre le commerçant et le consommateur. Le public y est sensible. Un de mes clients me disait récemment : « Dans tous les domaines la qualité baisse autour de nous. Les spécialistes ont bien sûr des explications socio-économiques, voire philosophiques, qui nous laissent perplexes. Vous démontrez avec votre pain que la qualité, à notre époque, peut être maintenue, si on le veut réellement. C'est le phénomène Poilâne... »

Le phénomène Poilâne, cela me fait sourire. Une formule ronflante ! Je crois qu'il y a seulement une vision Poilâne, fondée sur le sentiment intuitif des vrais besoins des gens. Pour les comprendre, il faut approcher le plus de gens possible. Je m'y efforce. Quand je me promène en province, j'interroge ceux que je rencontre. Quand je découvre une boulangerie, je demande à la boulangère la permission de visiter son fournil. Pour réaliser l'enquête sur les pains régionaux (dernière partie de ce livre), j'ai visité des milliers d'anciens du métier, et parlé au téléphone à des milliers d'autres. J'ouvre mon propre fournil à tous ceux qui expriment le désir, même timide, de le visiter. Les garçons-boulangers apprécient ces rencontres. De même, les groupes étrangers, américains, japonais, etc., sont bien accueillis par la « Poilâne bakery ». Nous resterons toujours un lieu à la mesure de l'homme, fait pour lui, et où entre le four et le pétrin, dans l'odeur chaude du levain, sa place se marque naturellement.

Un jour à la terrasse d'un café, l'excellent poète Maurice Fombeurre glissa à mon père un bout de papier sur lequel il avait inscrit ces vers :

> Inévitable que l'âne
> S'en retourne à son chardon.
> Pour moi le pain de Poilâne
> Des Dieux me paraît un don.

Il m'est impossible de citer les quatrains, les strophes, les poèmes qu'a inspirés le pain Poilâne. Curieux, n'est-ce pas ? Comme pour les toiles dont j'ai parlé plus haut, je suis le conservateur d'une anthologie écrite. En voici, à l'usage des amateurs de ce genre littéraire, quelques échantillons sélectionnés – tous d'auteurs inconnus.

> Que me croque le Crie si je touve à Paris
> Du pain qui soit du pain, de ce bon vieux pain bis,
> Du temps des vieux moulins
> De la braise de bois, de la pâte au levain.

> Le Crie vous croquera : vous trouverez ce pain,
> Et ce pain a bon goût, O miracle éclatant !
> C'est le vrai pain de France, un aliment vivant
> Que fait Maître Poilâne, le maître-artisan
> Ressuscité d'antan.

RÉCLAME

> Tu périrais de faim avec chair et poisson,
> Mais ton œil s'illumine en voyant un chardon
> Et le bon picotin rend lustre à ton poil, Ane.

> Pour toi, mon estomac, tu te porteras bien,
> Tu digéreras tout sans te priver de rien
> Si tu restes fidèle au bon pain de Poilâne.

Le 30 juillet 1979

LE VRAI PAIN

O Parisien pâlichon,
Tu exiges la baguette,
Mais serait-ce mon bichon
Qu'elle manque à ta braguette ?
Pâte blême ou dur croûton,
Elle n'a de la farine
Conservé que l'amidon :
C'est à la race porcine
Qu'est réservé tout le bon,
     Toi bégueule
     Dans ta gueule
Enfournes à tes repas
Ce que cochon ne veut pas.
     Insipide
     Et torpide
Est le goût de ce pain-là.
Mais quand la cuisine est bonne,
Quand le vin pur de la tonne
Jaillit dans mon verre. Oh ! là,
Ne me donne du pain chiche.
Va plutôt quérir la miche
Qui s'est cuite au feu de bois.
Fais vite, si tu m'en crois,
     Hâte, Hâte,
     Que j'en tâte !
Et sans plus chercher midi
Cours, vole au Cherche-Midi
Car, n'en déplaise à nos ânes,
Il n'est pain que de Poilâne.

Peintres, rimeurs ou simples consommateurs, je puise dans ces relations des plaisirs intenses. Entre l'homme qui produit et celui qui achète, il me paraît essentiel de maintenir un lien, de sentir que le courant passe. Sans contact, on en vient à des conflits stupides comme ceux qui opposent les associations de consommateurs aux industriels. Quand l'homme disparaît derrière le produit, quand on ne peut plus deviner sa présence, et qu'on voit fleurir des étiquettes du genre « confiture de Grand-mère », ou « vin du père François » ou « biscottes de la tante Louise », le client est frustré. Celui qui a visité mon fournil ne voit plus notre pain comme il le voyait avant. Notre métier est comme tous les autres, plus que les autres, parce qu'il fournit le pain. S'il peut se protéger du gigantisme, de la nationalisation, de la centralisation, il gardera son âme.

BOULANGER

l'Esprit du pain

A dix-sept ans, apprenti boulanger, j'avais quelque rancune à l'égard de mon père pour m'avoir imposé un métier que je n'avais pas vraiment choisi et qui, pour moi, se limitait à une série de gestes indéfiniment reproduits, à la manipulation de la farine, à la création d'un produit sans histoire et sans histoires.

Depuis, j'ai changé d'opinion. J'ai découvert que mon métier était une plate-forme privilégiée, à partir de laquelle on approche, et on regarde fonctionner, vivre, bien d'autres secteurs d'activité. Rapidement, je me suis passionné pour la biologie du pain et des ferments, pour la psychologie de mes compagnons de travail, l'attitude quasi théâtrale de certains de mes clients. Et enfin, j'ai eu la révélation que le pain était beaucoup plus que je n'avais pensé : un symbole complexe où se croisent des notions païennes de procréation, des notions religieuses et aussi sexuelles. Que le pain pouvait aussi devenir un matériau d'expression artistique. Un outil politique. Un baromètre social, une source permanente d'informations. Bien d'autres choses encore.

Ce que j'ai vite compris, c'est que ni le four, ni le fournil, ni le pain, qui m'étaient apparus d'abord comme un univers limitatif, n'étaient de nature à me plier à une réalité professionnelle du genre « esprit de métier » ou une sorte de consanguinité intellectuelle, que je déteste. Mon fournil contient le monde, et le pain qui en sort me permet de fuir à l'extérieur de mon métier.

Le pain et l'art

Entre le boulanger, même s'il possède un goût artistique et le désir de l'exprimer, et ce matériau potentiel, le pain, le courant passe difficilement. C'est un fait. A ma connaissance, la première alliance entre l'art et le pain ne remonte pas plus loin que l'époque romaine. Pour un artiste invité dans une maison patricienne, à Pompéi (?), on fabriqua un pain en forme de lyre – premier témoignage d'un double objectif.

Pourtant, on peut considérer le pain comme un matériau artistique privilégié, par comparaison avec le bois, le métal, ou d'autres matériaux composites : ces derniers n'ont ni sa personnalité, ni sa présence, ni sa gamme infinie de nuances, de densités. En revanche, ces autres matériaux durent longtemps. Mais est-ce vraiment un privilège ?

En 1968, je rencontrai Dali. Celui qui se proclame lui-même « le plus grand peintre vivant » avait décidé de confectionner un « pain éternel » aussi solide que l'agate. Telle était sa décision. En attendant, il me demanda de lui fabriquer en pain des objets insolites. D'abord des cadres pour ses tableaux. Puis, il y eut une sorte d'escalade dans la dimension des objets : chaque matin, à 11 heures, il m'appelait pour me passer commande d'une nouvelle sculpture. Pris au jeu, j'acceptais chaque fois. Je finis par lui réaliser tout un ameublement en pain, chaises comprises. Le buffet que j'avais dessiné et réalisé était à colonnes et à deux corps dans le style hollandais. Seul élément étranger : les charnières métalliques ! Le lit, lui, était de type à baldaquin avec des colonnes, en pain bien sûr, d'une taille normale et décoré de motifs ancestraux : épis de blé, grappes de raisins, etc. Nul ne pouvait s'y étendre, bien sûr : on était loin de la solidité de l'agate. Le lustre était un lustre du xviiie hollandais, électrifié par des fils tendus à l'intérieur sous tube. J'avais choisi ce style, car c'est celui qui se rapproche le plus des formes espagnoles. Tout ceci représentait beaucoup de travail, mais ce travail m'avait beaucoup apporté. Le fait de voir Dali donner des explications plus ou moins fumeuses sur l'utilité, voire la nécessité, de posséder des meubles en pain me payait de mes efforts. Selon lui, et aussi selon

l'interlocuteur, il présentait des situations d'avenir possibles et souvent différentes, dans lesquelles se profilaient des visions apocalyptiques où les meubles en pain devenaient des précieux acquis et des biens de consommation indispensables. Il est certain que la possibilité de manger ses meubles, le cas échéant, aurait sauvé des millions de personnes, pendant des siècles. Parfois, à la question : « Mais pourquoi des meubles en pain ? », Dali répondait avec sérieux : « C'est le seul et unique moyen de savoir si j'ai des souris chez moi » ! Ou, au contraire, il se lançait dans des explications extrêmement confuses du genre : « Le pain est comme l'hermine du blason d'Anne de Bretagne, symbole de pureté. Le poil de l'hermine est en fait l'exacte représentation de la mie de pain dans sa blancheur parfaite, c'est pourquoi cette immaculée a dans sa corbeille la force de la devise d'Anne de Bretagne : *Mieux vaut périr.* » Ces aspects particuliers mis à part, la chambre à coucher, avec ses formes inhabituelles, ses couleurs du blanc clair au brun soutenu avec une gamme extrêmement variée de nuances, produisait un très bel effet.

Man Ray, le grand peintre américain, a travaillé lui aussi le pain, et exposé plusieurs œuvres dont le pain fut le thème essentiel. En 1958, une œuvre représentait une balance sur laquelle sont posés deux pains en bronze peint, et une autre œuvre montrait un pain genre baguette recouvert d'une peinture bleu azur et qui s'intitule *Blue bread favorite food for the blue birds* (le pain

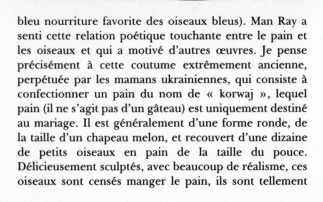

bleu nourriture favorite des oiseaux bleus). Man Ray a senti cette relation poétique touchante entre le pain et les oiseaux et qui a motivé d'autres œuvres. Je pense précisément à cette coutume extrêmement ancienne, perpétuée par les mamans ukrainiennes, qui consiste à confectionner un pain du nom de « korwaj », lequel pain (il ne s'agit pas d'un gâteau) est uniquement destiné au mariage. Il est généralement d'une forme ronde, de la taille d'un chapeau melon, et recouvert d'une dizaine de petits oiseaux en pain de la taille du pouce. Délicieusement sculptés, avec beaucoup de réalisme, ces oiseaux sont censés manger le pain, ils sont tellement

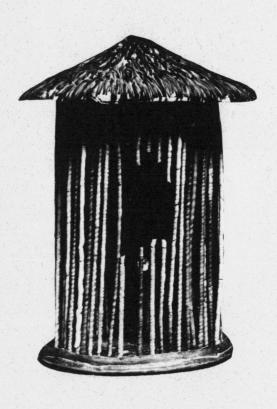

nombreux que l'on ne voit même plus ce qu'il y a dessous. Les Ukrainiens disent que ces oiseaux sont supposés représenter les invités : deux autres oiseaux sont figurés par-dessus les autres, installés dans un nid et représentent symboliquement les deux époux qui s'apprêtent à convoler.

Le jet du pain aux oiseaux par les enfants est aussi une représentation qui a toujours ému les artistes.

Cette complicité poétique du pain et des oiseaux m'a inspiré un jour la création d'un objet, à propos duquel j'ai le sentiment d'avoir été le plus loin possible dans la voie de l'utilisation du pain en tant que matériau d'expression artistique, en profitant au maximum de la personnalité de ce produit extraordinaire attaché à un message « artiel ». Il s'agit d'une cage à oiseaux entièrement faite en pain, cuite en morceaux, brin après brin, et assemblée avec des astuces de montage qui lui permettaient de tenir debout et bien sûr de recevoir des oiseaux. La cage était de forme cylindrique, relativement grande, avec un cône sur le dessus, dissimulant un toit de paille. L'oiseau pouvait y être enfermé un certain temps. Un certain temps seulement, car sa prison était aussi sa nourriture, le contenu (la cage) devenait le contenant (de son estomac) en engendrant sa liberté. Symbole de la transmutation psychologique. La cage en elle-même, libérée de son occupant, était belle, avec ce trou dans les barreaux, anecdote pour les uns, symbole pour d'autres. C'est le musée de Figueras (Espagne) qui finalement reçut ma cage et l'exposa un temps.

Quelques années plus tard, je rencontrai César. Je ne connaissais son œuvre que très sommairement. Je savais qu'il comprimait des bijoux anciens, des morceaux de tôle, d'inox ou des motos neuves, avec une facilité déconcertante. Je n'imaginais pas que le pain rentrerait en plein dans le domaine de ses préoccupations. L'axe de recherche de César était pour l'essentiel la « compression ». Or à l'inverse de la « compression »,

« l'expansion » rentre aussi dans son champ d'investigation artistique. Exemple : César met en présence deux produits en plastique qui s'émulsionnent, gonflent, font des coulées très belles la plupart du temps, et donnent des formes assez sensuelles et vagues. Puis il cristallise en état d'esthétique optimum, et par polissage successif et des soins très spéciaux il rend ces formes parfaites. La relation qui existe entre ce travail d'expansion et le pain est évidente, car le pain est aussi un matériau expansé qui gonfle de plusieurs fois son volume initial. Cette caractéristique du pain a enthousiasmé César et engendré une collaboration intéressante entre nous. Comme pour donner plus de vie au pain, et peut-être aussi par un léger sens narcissique, César chercha, de prime abord, à réaliser sa tête en pain. Ce fut difficile car, à l'inverse de la pâte à modeler, le pâte à pain bouge avant et pendant la cuisson ! Finalement César moula sa tête dans du plâtre, dont on tira un moule métallique. Le problème était résolu et nous eûmes plusieurs César en pain.

En variant la cuisson et en utilisant de la pâte de blé, de seigle, nous avons obtenu de nombreuses variantes allant du gravelé au calciné. César choisit certaines têtes et en élimina d'autres. Les plus réussies furent immergées dans des liquides plastiques durcisseurs. Le reste fut mangé lors du cocktail de l'exposition ! Je me souviens bien du geste singulier et de l'atmosphère « christique » qu'il faisait régner en débitant sa tête en tranches et en la distribuant aux invités, tel un préambule à une communion artistique.

Au cours de la soirée on me communiqua le prix de vente d'une sculpture en pain. Un rapide calcul me surprit un peu : l'œuvre s'était vendue très exactement au prix de l'or ; c'était bien le pain le plus cher du monde.

Courant 1979, je m'attaquai à une autre œuvre : un pain énorme, lequel ne serait d'ailleurs qu'un faux pain, sa dimension étant incompatible avec celle du plus grand four existant.

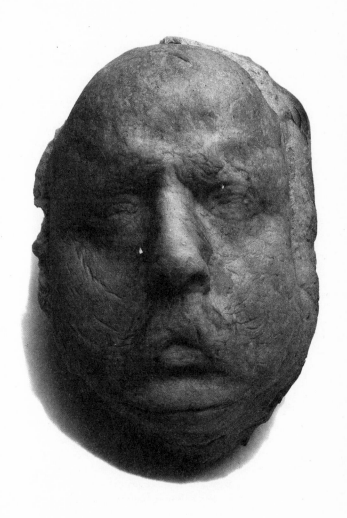

Pour cette entreprise, je décidai de faire appel à mon ami Thierry Vidé, spécialiste des matériaux polyester. Je le savais capable de réaliser n'importe quoi et en n'importe quelle dimension, en plastique souple. Il avait même créé une cavalerie pour le cinéaste Ferreri, à qui la Société protectrice des animaux avait interdit de massacrer quarante bêtes pour les besoins d'un film !

La dimension de mon pain géant ne pouvait être fixée au hasard. Beaucoup d'artistes se sont amusés à ce jeu du gigantisme. Dali bien sûr. Et avant lui, l'aviateur Santos-Dumont qui, ayant surélevé son ameublement, faisait dîner ses invités à 2,50 mètres au-dessus du sol (on passait les plats sur un plateau équipé d'un long manche). Pour ma part, je décidai que mon pain géant représenterait en volume la consommation annuelle d'un Français moyen durant sa vie. J'arrivai après des calculs à une miche de 4 mètres à 4,50 mètres de diamètre, de 1,30 mètre à 1,50 mètre de hauteur. Réalisée dans l'atelier de mon ami, ce fut, franchement, une pièce superbe. Le velouté de la farine, les dégradés issus des expositions à une source de chaleur plus ou moins intense, tout y était, y compris les craquelures qui devenaient immenses et qui, à cette échelle, s'apparentent au domaine de la science-fiction. Seul avatar de cette réalisation, un petit incident causé par une chute depuis la partie supérieure du pain, où je fignolais quelques détails esthétiques : la Sécurité sociale n'a jamais accepté que l'on pût tomber du haut d'une miche de pain, et se fouler la cheville !

Le pain a beaucoup servi de matériau artistique dans les prisons. Il rentrait légalement dans les cellules : la mie récupérée et humidifiée après avoir été malaxée devient une espèce de pâte à modeler très souple. J'ai vu des objets intéressants réalisés en prison, comme ce trophée du bagne de Toulon qui remonte sans doute à la fin du XVIIIe siècle ou au début du XIXe. Une pièce de 44 cm de haut, de 13 cm de section à la base, qui fut offerte par Frédéric Mistral lui-même au muséum

Arlaten de Arles, en 1909. On peut voir aussi, au musée
de l'École nationale supérieure de police de Saint-Cyr-
au-Mont-d'Or, des souliers de femmes en mie de pain,
un panier tressé rempli de fleurs, ou, plus sinistre, une
scène d'exécution capitale réalisée en mie de pain par
des détenus à la fin du XIXe siècle.

En vérité, la sculpture en mie de pain n'est pas
l'apanage exclusif des prisons.

En Lituanie, dans les environs de Vilna en Pologne, les femmes de la campagne avaient coutume de fabriquer en mie de pain des grandes fleurs polychromes (la mie de pain séchée se peint très facilement) qu'elles allaient vendre au pèlerinage de Notre-Dame de Czestochowa. Les paysannes ne vont plus au pèlerinage mais font toujours des fleurs en mie de pain colorée plus petites, en forme de broche, qu'elles vendent sur place, comme de petits bijoux.

En Amérique du Sud, aussi, en Équateur, et plus précisément dans les environs de Quito, les habitants font toujours, et selon les mêmes techniques, des sujets avec des mies de pain de maïs, qu'ils peignent de couleurs vives (ces petits personnages ne dépassant pas 4 centimètres). J'ai retrouvé aussi la trace, en Russie, de chapelets en mie de pain. En Chine du Nord, le pain revêt des formes très imaginatives, confinant à la sculpture.

Les Italiens ont réalisé en mie de pain des scènes religieuses polychromes, telle cette Nativité si proche des crèches napolitaines.

Une dernière anecdote : Lénine lui-même aurait fabriqué des objets en pain lors de son séjour en prison. Ayant eu connaissance de cette information, j'écrivis au Musée d'histoire de Moscou, et je reçus la réponse suivante : « Nous n'avons pas de documents représentant l'encrier en mie de pain qu'utilisait Lénine. Aucun de ces objets dont nous parle la littérature ne s'est conservé. » Ce qui apporte d'une certaine manière la preuve de l'exactitude de la rumeur.

Pain et symbolique

Je ne veux pas jouer au sexologue, encore moins au psychanaliste. Je suis boulanger. Mais les hasards de la vie, de la lecture ou de la recherche m'ont si souvent alerté que je suis arrivé à cette conclusion : le pain et l'idée de procréation sont étroitement associés. Tout me le confirme, au niveau des formes pétries par la main de l'homme, au niveau des mots, des étymologies, des expressions et des proverbes. Je sais bien que la sexualité est omniprésente, et qu'un esprit enclin à la percevoir la percevra partout. Mais je suis conscient du piège, et certain de l'avoir évité.

Pain et sexe sont liés par de multiples cousinages. Matière inerte, la farine issue de la terre nourricière reçoit la vie par ensemencement, et c'est le boulanger qui accomplit cet acte amoureux. Tel est le point de départ, à mon avis, de ce que je perçois comme un cheminement parallèle, jalonné de symboles divers et couvrant un champ de recherches très vaste. Trop vaste en vérité pour qu'on y impose un ordre, ou même une forme de classification. Le pain est symbole de vie, et aussi de toute nourriture matérielle. Mais, au-delà du sens « christique », apparaît très vite une symbolique païenne riche et variée, dominée par l'idée de procréation. Se pencher sur cet ensemble de problèmes, c'est accomplir une promenade dans notre subconscient !

Dans son livre *La Vie des aliments* (Denoël), Giuseppe Talarigo, un savant biologiste italien, parle du pain en poète : « Ne croyez pas, écrit-il, qu'entre le pain et le vin il n'y ait que des rapports liés aux mythes ou aux dogmes du christianisme. Il y a bel et bien une affinité de sang, les agents vivificateurs de l'un et de l'autre sont identiques. Ce sont toujours les même *saccharomyces elipsoideus* qui servent à faire le vin du raisin et le pain du blé. C'est grâce à eux, et eux seuls, que dans la cuve fermente le moût vierge et que dans le pétrin s'enfle la pâte travaillée. Mais l'art de faire du vin précéda celui de faire du pain levé, et ce fut au moût de raisin qui, depuis les temps lointains de la préhistoire, bouillait de sa vigoureuse jeunesse, que l'homme emprunta un peu de son essence vitale pour la donner à la farine qui, candide, inerte et virginale dans sa huche, attendait l'époux... Alors la farine, émue par la vie et fécondée par la puissance de son jeune époux, s'agita, grossit et s'enfla jusqu'à ce que de leur union naisse le pain levé. Et voilà comment notre pain a pour mère la farine de blé et pour père le moût de raisin. »

Seconde citation, extraite d'un numéro de l'année 1961 de *L'Auvergnat de Paris*. Un autre visionnaire, journaliste et poète, imagine l'origine du « petit pain fendu » ; cette scène se déroule chez un cabaretier-limonadier parisien, du côté de la Halle aux vins.

« Et bien ! nous y voici. Nous y revoici plutôt, chez ce bon M. Georges Roux, qui tant aimablement me fit visiter sa cave. Cave très étonnante en vérité, parce que voûtée, maçonnée, construite à l'aide d'impressionnants moellons et présentant des aboutissements de souter-rains malheureusement (mais nécessairement) occultés. En me montrant l'une de ces ouvertures, relativement exiguë, M. Roux avait dit : « Ceci m'intrigue. C'est peut-être la naissance d'un couloir secret. » (Il est vrai que dans ces parages le sous-sol est une gigantesque fourmilière.) Moi, je n'ai rien dit, mais je riais intérieurement.

« Voici donc, cher M. Roux, l'histoire de ce couloir secret : Aux temps ci-dessus évoqués (début du XIIᵉ siè-cle), la Bièvre, sur qui (et non sur quoi car cette rivière est un personnage) nous aurons maintes et maintes occasions de revenir, la Bièvre coulait devant votre porte et votre cave se trouvait de plain-pied avec ses rives. Non ! les rives du canal de Bièvre plus exactement : car les moines de Saint-Victor, et plus loin les Bernardins, avaient utilisé au profit de leur communauté la force non encore rationnellement exploitée de son courant qu'ils avaient en quelque sorte « catéchisé » et qui actionnait des moulins transformant en gruau célèbre à l'époque le blé de Gonesse.

« A l'endroit précis où vous vous trouvez, existait (et existe toujours) l'orée de la très anachronique, très provinciale rue des Boulangers, où la corporation des boulangers avait fondé sa charte et tenu ses assises, et contrôlait, dans le même temps, une boulangerie modèle : votre souterrain... mais c'est un four !

« Adoncques, un brave homme avait choisi pour métier de modeler, à longueur de journée et d'année,

la pâte que lui tendait un jeune mitron, afin d'en tirer des pains de forme ovoïde qu'un « cuiseur », d'une palette rapide, cueillait à mesure. Sa facile besogne permettait à l'esprit de notre homme de vagabonder et de s'abandonner à des poétiques rêveries. Or, son horizon immédiat était constitué par les eaux du canal, domptées et translucides, et au premier plan, par les croupes plantureuses et joyeusement innocentes des jeunes laveuses occupées à fustiger, à battoir que veux-tu, les cottes de leurs contemporains. Et notre rêveur façonnait des pains : et ses mains peu à peu suivirent sa pensée, jusqu'à épouser le modelé d'un univers bifide où semblait se complaire notre boulanger des premiers âges. Vous êtes, cher M. Roux, propriétaire de la maison où naquit le pain fendu. »

Qui dit mieux ?...

Ces deux citations me semblent intéressantes pour plusieurs raisons. Entre autres, elles sont l'œuvre de visionnaires – lesquels pressentent souvent les choses avant les scientifiques. Je crois au bien-fondé de la maxime : « On ne peut découvrir que ce que l'on a déjà rêvé » ! La boulangerie est bien le domaine privilégié des symboles de procréation. Le levain, qui joue le rôle de graine ou de semence, peut se dire en anglais *mother,* mère, en espagnol, *madre.* La symbolique matricielle est liée à l'interdit de gaspiller ou jeter le pain (unique parmi les aliments) : on ne jette pas une matrice. En latin, *levamen* signifie soulagement, et non plus ensemencement comme en langage moderne.

Inutile d'être grand clerc pour remarquer que le cycle est complet « de l'ensemencement au soulagement »... Le rôle du boulanger est de réunir ces deux corps, et de les ensemencer. Mais il y a un cas particulier intéressant, et qui nous fait retrouver la nature symbolique du pain dans la religion, celui du pain sans ensemencement ; c'est avec lui que je vais retrouver le symbole christique. Lorsque le boulanger n'ensemence son pain ni avec du levain, ni avec de la levure, il fait du pain azyme. C'est, dans ce cas d'espèce, le pain juif, généralement présenté en forme de petite galette croquante et consommé dans certaines conditions. Ce pain qui n'a pas reçu la « graine » est symbole de pureté et virginité. Or, dans la Bible, chaque fois que le pain symbolise l'aliment rituel, il est confectionné sans levain. (Le pain fermenté, lui, *(zymi)* est considéré comme impur.) C'est le pain sans levain *(azymi)* qui symbolise la pureté et qui est utilisé dans toutes les consécrations à l'adresse de l'Éternel. Ce pain azyme est curieusement célébré dans les églises catholiques sous forme d'hostie blanche.

Curieusement, car lorsque dans les cantiques on chante : « Il est né le pain des anges » en parlant du Christ (lequel s'est continuellement identifié au pain : « C'est moi, dit le Christ, qui suis le pain vivant descendu du ciel »), je ne pense pas que l'on veuille dire par là que certains anges ont une spécialité ou une quelconque formation boulangère. Il me semble plus volontiers que l'on exploite là la particularité de l'ange à ne pas avoir de sexe, exactement comme ce pain azyme, symbole de pureté qu'est l'hostie, lequel ne peut ensemencer aucune autre pâte, détail très important car l'image du pain azyme – qui est le pain des anges et qui est en fait le corps de Jésus – renforce aussi l'idée selon laquelle le Christ est le fruit d'une naissance sans accouplement. Ce qui cadre bien avec l'histoire religieuse. (Détail intéressant aussi, Bethléem signifie maison du pain en hébreu.)

On pense généralement, à tort, que les religions ont inventé le pain en tant que symbole. Cela me gêne toujours un peu. En fait, et cela n'engage que moi, j'ai le sentiment que le pain symbole de vie est exploité ou utilisé par les religions (dans le bon sens de l'expression, je m'empresse de le dire) et qu'en réalité le pain est plutôt une image qui émane du plus profond de notre inconscient collectif. Ce qui milite dans ce sens est le fait que le pain est antérieur aux religions connues (il semble que les Étrusques aussi aient déjà utilisé le pain comme symbole). Mais le fait qu'on le trouve partout peut s'expliquer en ce sens que l'instinct le plus fort que l'on puisse trouver chez l'homme est celui de conserver sa race et de se renouveler en elle à l'image de ce levain que l'on ensemence chaque jour.

Par ailleurs, je constate que si le symbole « pain » semble s'enraciner dans l'idée de procréation la plus noble, il est aussi présent dans les images sexuelles les plus populaires. Vers 1910, le docteur Celos entreprit en Italie un voyage d'étude consacré aux pains de forme phallique. Son livre est intitulé pudiquement : *Le Pain brié à Venise.*

Il s'explique : « Lorsqu'on écrit un livre comme le mien, on s'expose à un danger, et on en fait courir un autre. On rencontre dans le monde des jeunes filles qui vous demandent de lire vos œuvres complètes sur le pain dont les titres leur ont paru innocents... »

Le docteur Celos met en relief la tradition européenne des pains phalliques. Tout d'abord en Normandie : « On fait à Caen des pains masculins de forme parfaite, de représentation absolue, écrit-il. Il ne faudrait pas croire qu'il s'agit là d'un hasard, d'une fantaisie passagère d'un boulanger. J'ai vu dans des boutiques différentes des séries de pains semblables à Caen, pendant des voyages espacés sur plusieurs années, et une personne m'a dit qu'elle habitait cette ville depuis plus de vingt ans et elle avait remarqué la forme de ces pains. »

Le docteur Celos, qui s'est surtout consacré à l'étude de la forme des pains, interrogeant un boulanger sur ce sujet, dit : « Le boulanger qui fait un pain phallique agit par technique et sans intention. En achetant des pains de la forme en question, je demandais quelques détails sur ces aliments, leurs noms, comment on les faisait ; j'ai vu les gens me répondre avec le même sourire un peu gêné qui prouvait bien qu'ils savaient parfaitement quelle forme était celle donnée à leur pain. »

Je suis personnellement persuadé que ces formes sexuelles données au pain, procédant d'une intention inavouée, correspondent à un cérémonial, à une tradition à laquelle se mêle une manifestation de l'instinct de procréation présentée sous une forme rabelaisienne.

Il est regrettable que cette tradition se soit perdue, car, bien sûr, le pain est par définition périssable ; c'est un matériau archéologique dérisoire, et les formes ont disparu avec lui. Toutefois, les quelques croquis que je possède sur les formes très diverses de ces pains en forme de sexe, dessinés par le docteur Celos, en 1910, sont extrêmement parlants, si j'ose dire. Il serait souhaitable que ces formes fassent l'objet d'études ethnographiques.

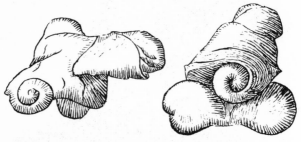

Voici encore quelques situations que j'ai relevées où le pain joue un rôle important. C'est un usage vraisemblablement ancien et que l'on rencontrait encore au XIXe siècle à Braye-les-Pesmes (Haute-Saône) et ayant pour but de rendre irrévocables les engagements précédant le mariage : les fiancés se rendaient le jour de la Chandeleur à une source sacrée, où ils échangeaient des gâteaux représentant assez sommairement les attributs du sexe de celui qui le portait ; après les avoir plongés dans l'eau de la fontaine, ils les mangeaient

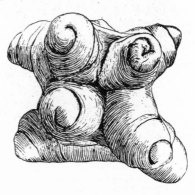

et les fiançailles étaient consommées (Sébillot, *Folklore de France,* pages 231-232).

A Martigny-les-Lamarches, une ancienne coutume obligeait tout jeune marié de l'année à apporter un gâteau qu'il devait lancer, le jour de la Purification, dans une fontaine située au bas du village. Les jeunes garçons s'efforçaient de les saisir, se tenant au bord, persuadés que ceux qui y parviendraient se marieraient dans l'année.

Malouin, dans sa merveilleuse encyclopédie sur le pain qui date de 1767, nous dit : « Dans tous les temps, on a employé le pain aux cérémonies divines, on offrait à Dieu de la fleur de farine. Il n'y avait rien de plus religieux dans les choses sacrées que l'union des époux qui se faisait en mangeant ensemble du pain en cérémonie. »

Ernest Aeppli dans son ouvrage : *Les Rêves et leur interprétation* (Paris, « Petite biliothèque Payot », 1970) parle de la signification du pain assez brièvement mais

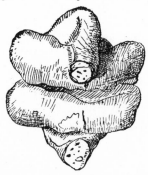

sans ambiguïté : « Le jeune individu doit souvent manger des fruits dont la forme phallique indique bien ce dont il s'agit. Il peut aussi s'agir de petits pains qui depuis toujours reproduisent les organes mâles et femelles. »

Je connais une coutume suédoise, qui consiste à fabriquer des pains plats et ronds percés d'un trou ; on prépare ce pain à la naissance d'une fille et il est mangé le jour de son mariage ; la chose est rendue possible par le fait que ce pain est extrêmement sec et plat et presque tout en croûte.

La tradition des pains en forme de sexe est très répandue en Italie. A Venise on a fait des pains masculins par aspect, et non par interprétation. Je ne pense pas que le boulanger vénitien faisait le pain biphallique par hasard ou par fantaisie passagère.

N'était-il pas normal que naisse l'image du symbole sexuel dans la sphère mentale du boulanger dont l'essentiel de la tâche était l'ensemencement de ce matériau si vivant et si sensuel qu'est la pâte ? Je ne connais personnellement aucun boulanger qui aurait réalisé, pour son amusement personnel ou celui d'amis, des sexes masculin ou féminins en pain.

Un boulanger français a été récemment condamné par un tribunal pour avoir exposé dans sa vitrine un sexe en pain. Je suis sûr que le tribunal ignorait le fait qu'il s'agit, malgré tout, d'une coutume très ancienne en boulangerie. Les boulangers vénitiens qui ont fabriqué ces pains de forme mono, bi, tri et quadriphallique ne les fabriquaient pas pour une fête quelconque ; ces pains si curieux remplissaient par fournées les casiers de bois des boulangeries et ces formes étaient celles données invariablement et journellement au pain vénitien. « Les boulangers, écrit le docteur Celos, ont exécuté des formes techniques, mais qui ont pu commencer par être symboliques. C'est ensuite par la force de l'habitude qu'elles sont devenues techniques. L'ouvrier qui a fait des pains phalliques les fait sans intention, sans savoir au juste pourquoi il leur donne cette forme ; il modèle la pâte ainsi parce qu'il sait qu'il doit faire comme cela. »

La forme masculine, par ailleurs, ne semble jamais avoir eu d'exclusivité. En Italie, il a existé des chapelets de pain en forme d'éléments masculins assemblés tête-bêche et se faisant suite. Ces pains se débitaient par éléments. La même chose pour les éléments féminins qui étaient présentés en chapelets et se débitaient par morceaux, d'une quantité plus fine, ces derniers étaient généralement fait avec du lait, ce qui leur conférait un goût plus délicat. A Syracuse, en Sicile, on distribuait des pains de sésame en forme d'organes génitaux féminins à l'occasion de « festivals de fertilité ».

Ce phénomène n'est pas un fait unique en France ou

en Italie. En Allemagne aussi on trouve, ou plutôt on suit à la trace, un spécialiste, le docteur Hofler, qui étudia ce sujet vers 1900. Ce docteur (ethnologue) étudia le pain phallique dans son pays, la Bavière, et y fit même des séries de gravures pour illustrer un de ses livres consacré à ce sujet. Je ne possède malheureusement pas cet ouvrage (je lance un appel au cas où quelqu'un serait en mesure de me fournir des informations à ce sujet).

Le docteur Hofler de Bad Tolz a écrit : « Un pain figuré est un pain façonné qui, presque toujours, représente un symbole et derrière le symbole se cache en quelque sorte un objet réel. Les pains figurés étaient autrefois des pains pour les fêtes où ils ont une raison d'être religieuse (dans le sens culturel). » Et d'expliquer qu'il existe depuis très longtemps à Hambourg une coutume qui consiste à offrir un pain triphallique, très suggestif, à l'occasion des noces. Et qu'il existait des pains biphalliques à Nuremberg. Les qualités profession-nelles du docteur Hofler l'ont porté à ajouter ces découvertes au fonds ethnologique du pays, et à en tirer ces conséquences. Les formes sont le reflet des idées et personne n'a échappé à l'idée du pouvoir des formes qu'il imaginait.

Ce passé n'est pas lointain et cependant la rationalisa-tion et la standardisation des produits de l'industrie (si artisanale soit-elle) et peut-être le manque d'imagination et de créativité artistique font perdre cet usage à la boulangerie et par là-même à une partie de notre culture. Il semble que ces coutumes aient été extrêmement fragiles. Il ne reste aujourd'hui presque rien de cette tradition. Le docteur Celos, qui était aussi conscient de ce phénomène de fragilité de la coutume, rapporte l'anecdote suivante : un jour, à Aix-en-Provence, il fit une observation à un boulanger dont la vitrine présentait des exemplaires de forme phallique. Le boulanger (depuis trois générations) reçut l'observation, et se montra très gêné : il essaya de changer le pain en pâte qu'il venait de confectionner. La pudeur éveillée de ce boulanger le poussa à modifier son habitude et altéra

— Oui, ma femme, t'es une bonne pâte !
Mais c'est pas moi qu'a fourni le levain
pour la faire lever, c'te pâte!...
On n'couche jamais ensemble !

vraisemblablement, par voie de conséquence, la forme du pain ; ce fut dommage.

Dommage, également, pour cette coutume limousine qui remonte à plus de huit siècles, créée par l'abbé Hysembert et qui consistait à faire distribuer le deuxième dimanche de Pâques des cornues (sorte de petits pains tirant un peu sur le gâteau) à tous les frères qui se trouvaient ou pénétraient dans le cloître Saint-Martial. Il semble que cette cornue ait eu à l'origine une forme évidemment sexuelle, au point que l'évêque de Limoges, monseigneur du Coetlosquet, demanda instamment en 1780 (on en a la trace) aux pâtissiers de moraliser l'aspect des cornues, ce qu'ils firent d'ailleurs, mais sans excès.

Les textes anciens portent aussi la trace de cet usage des boulangeries de la Rome des Césars : « Martial, un ami de Juvénal et de Pline le Jeune, dans son épigramme deuxième du livre IX critique un certain Lupus, pingre vis-à-vis de ses amis, mais dont la maîtresse s'engraisse de « pains de formes obscènes » (trad. Izaac 1934, éd. des Belles-Lettres), en latin *Illa siligineis pinguescit adultera cuneis* mot à mot : « cette adultère s'engraisse de *formes obscènes en farine de froment* » ce qui est traduit dans l'édition Nisard de 1878 par : « conques de Vénus en fleur de farine... »

Ce texte est à rapprocher de ce petit poème, également de Martial, accompagnant un des objets tirés au sort entre les invités du maître de maison, particulièrement au moment des Saturnales, poème intitulé *Priapus siligineus* : « Priape en farine de froment » (un priape étant un membre viril en érection et le dieu rustique symbole de la fécondité).

Il reste aussi, inscrites dans le langage des mots, des expressions qui associent l'idée de pain au concept de procréation. Ces éléments nous parviennent plus facilement que le pain ! Un exemple : autrefois, une jeune fille qui, par malheur, se trouvait enceinte avant le mariage, faisait dire d'elle : « Elle a emprunté un pain sur la fournée. » Même observation en langue anglaise :

Something's in the oven, « quelque chose dans le four »,
se dit d'une femme enceinte.

Pourquoi ces expressions ? Pourquoi le four, cet
endroit chaud, qui reçoit pour un temps en gestation
cette matière plus vivante qui est la pâte dans sa sphère
de transformation des corps, symbolise-t-il la matrice ?

Car c'est bien de cela qu'il s'agit.

C'est pour une part vraisemblablement lié au mouvement du boulanger, le boulanger y fait des aller et retour
avec son long manche de pelle qui lui sert à enfourner
ses miches, mais il doit y avoir d'autres explications, dont
l'expression « fourrer » (un mot utilisé dans les
ouvrages libertins du xviiie siècle et encore de nos jours
pour désigner l'acte d'amour) n'est en fait qu'une
manifestation supplémentaire.

Et puisque nous en sommes là, pourquoi en *France*
avoir appelé les pains ronds les « miches » ? Dans le
Sud-Ouest, un pain nettement biphallique : le « Deux
Nœuds » ? En *Italie,* dans la région de Naples les petits
pains : des zizis d'ange ? En *Angleterre* et aux *U.S.A., buns*
signifie pains et aussi paire de fesses. En *Allemagne* aussi
Brotleib : brot = le gros pain et *leib :* le corps de femme ?

Autre détail curieux et très technique du langage
boulanger que tous les professionnels connaissent bien :
lorsque deux pains se touchent par accident, dans le
four, pourquoi dit-on (et cela de Lille à Marseille) : « ils
baisent » ?

Revenons au sujet du four, avec un autre exemple.
Le livre des légendes et des curiosités des métiers nous dit : « La
plupart des devinettes sur les boulangers sont à double
sens... » Ce double sens rentre avec « une certaine
délicatesse de forme dans l'esprit du couplet des
chansons », exemple :

> Je pétrirai, le jour venu
> Notre pâte légère,
> Et la nuit, au four assidu
> J'enfournerai, ma chère.

Un proverbe du même genre : « A mal enfourner, on fait des pains cornus... »

A ce sujet, Otto Rank, psychanalyste allemand de la première heure, disciple de Freud, qui a travaillé en France puis aux U.S.A., met en évidence l'identification du pain au phallus dans la formation des mythes et remarque aussi que ce qui est fait dans le four, « le pain », est également assimilé à ce qui est fait dans le corps de la mère, « l'enfant ». Cette identification ne se rapporte pas seulement aux fonctions, mais aussi à leurs instruments et à leurs produits, dit-il. Observation extrêmement intéressante pour ce qui précède, lorsque l'on sait qu'en France un certain pain s'appelle le « bâtard ». Que les tout petits pains au lait, gros comme le petit doigt, s'appellent communément des bébés et enfin que la toile utilisée pour le recevoir, ce « bâtard » ou tout autre pain, porte le nom de « couche » !

Je voudrais enfin, considérant cet objet décidément curieux qu'est le four, noter une chose singulière :

Le mot four (forn autrefois) se rattache au latin d'Église *fornicatio,* dérivé de *fornix* (d'après le dictionnaire étymologique de Bloch et Wartbure), proprement « voûte » et par extension prostituée. Pourquoi ? Parce que les prostituées se tenaient à Rome, dans des chambres voûtées, où l'on forniquait, chambres qui ressemblaient à un four !

Depuis que je sais cela, j'ai changé dans mon langage quotidien la formule « mise au four », je l'appelle « forniquage » ; mes compagnons ne sont pas ennemis de ce genre de plaisanterie.

Pain et politique

Pendant très longtemps, le pain a été une arme politique considérable. On peut affirmer que, de la Rome antique à nos jours, les pouvoirs en place ont toujours été otages du pain et de la boulangerie ! Ce n'est guère qu'il y a trente ans environ que cette situation a changé en Occident.

Dans la Rome antique, les boulangeries étaient « nationalisées » et les boulangers n'avaient pas le droit de changer de métier. Le pouvoir – qui n'avait rien de socialiste – tenait à fournir au peuple du pain et des jeux de cirque, s'assurant ainsi un contrôle total sur le pain et ses serviteurs. On avait même mis en place, pour les chômeurs, une indemnité versée d'abord sous forme de farine puis, au IIIe siècle, avec l'empereur Aurélien, sous forme de pain. Détail à faire frémir nos économistes modernes, la qualité de chômeur devint transmissible de père en fils... (mais la chute de Rome était proche) ! Tous les empereurs romains ont eu pour préoccupation majeure de fournir du pain au peuple : Auguste avait interdit aux nobles et aux sénateurs de se rendre en Égypte, grenier à blé de Rome ; la surveillance en était assurée par une milice privée.

Dans l'histoire de France, le pain joue un rôle constant, et son abondance ou sa pénurie déterminent les périodes de calme ou de crise. Lors de l'assassinat d'Henri IV, la première réaction de Sully, craignant un soulèvement ou une attaque, est de vider les boulangeries de Paris et de mettre la main sur la farine qu'il enferme à la Bastille : il se trouve alors en position de force face à la nouvelle régente.

La Révolution française n'est que la conséquence des famines répétées, dont le peuple impute à Louis XVI la reponsabilité : ce ne sont pas le roi et la famille royale que le peuple va quérir à Versailles, mais « le boulanger, la boulangère et le petit mitron ».

Pendant l'Occupation se déroula à Paris une « opération-farine » peu connue, que m'a rapportée un témoin : le stock de sécurité de Paris, entreposé dans les magasins généraux de la plaine Saint-Denis – 130 000 quintaux de farine –, géré par les services du ravitaillement général, fut « neutralisé » au moment de la Libération à l'aide de pastilles collées sous les sacs. Ces pastilles qui dégageaient une odeur pestilentielle rendaient la farine impropre à la panification. Alors que l'enquête s'engageait et qu'on s'interrogeait sur les intentions et les buts de ceux qui avaient conçu et accompli ces actes, l'odeur se dissipa lentement. On procéda à des essais de panification qui se révélèrent satisfaisants : après quelques jours, la totalité du stock fut consommé sans dommage. Le stock avait bel et bien été rendu provisoirement inutilisable, dans la perspective – qui en douta ? – d'une action politique qui n'avait pas eu lieu. Tout récemment, un de mes clients, steward à Air-France, me signala qu'il avait vu dans une agence de presse à Moscou une photo de la boulangerie Poilâne, avec une file d'attente de 20 mètres (ce qui arrive). Légende : « La crise qui sévit en Europe pose des problèmes d'approvisionnement de matières premières, et, par voie de conséquence, entraîne une pénurie de pain... »

Comme entre le pain et la sexualité, les relations entre le pain et la politique sont nombreuses et évidentes. Je pourrais multiplier les anecdotes. Un fil les relie : il a été découvert, et on le connaît sous le nom « d'effet Giffen. »

Giffen, un économiste britannique, a d'abord établi que, à travers l'histoire, le pain avait toujours été l'élément le plus important dans les budgets des ménages (les autres aliments étant d'un coût inaccessible). Quand le prix du pain augmentait, la consommation des autres aliments diminuait d'autant – les consommateurs étant obligés de combler avec du pain les trous de leur menu. Ce paradoxe l'a amené à cette constatation que plus le pain augmente, plus le peuple en consomme. C'est l'effet Giffen. Il explique pourquoi, à certaines époques, les boulangers ont eu mauvaise presse auprès du public. Et aussi pourquoi, dans les ouvrages qui traitent du pain – certains remontant au XVIe et au XVIIe siècle – il est surtout question de règlement de police et d'interdits divers, dont, il faut bien le dire, la révolution industrielle nous a délivrés (voir le tableau des consommations, page 95).

Les croûtes
et les bourgeois

A la fin du XIXe siècle, un aspect nouveau du métier de boulanger fit, aussi extraordinaire que cela parût, son apparition : la boulangerie en vieux, ou, si l'on préfère, de seconde main.

A cette époque, le commerce des chiffonniers parisiens – on pouvait même écrire : leur industrie – était considérable. Il employait 20 000 chiffonniers alors que les boulangers n'étaient que 2 000. Un homme nommé Chapelier (sans rapport avec la chapelure) établit un circuit de récupération, de traitement, de valorisation, puis de revente des croûtes de pain. Lesquelles croûtes étaient ramassées dans les poubelles, les restaurants, les cantines, etc. M. Chapelier, dont l'histoire rapporte qu'il a fait fortune, avait le génie de l'organisation. Il créa une sorte d'atelier dans le quartier Saint-Jacques : des femmes, des enfants retaillaient, râpaient, pilaient, emballaient... et livraient aux consommateurs toute une série de produits diversifiés. Parmi lesquels de la chapelure, des « croûtes au pot » (des croûtons calibrés, grillés, emballés et vendus pour le pot-au-feu) et des « purées aux croûtes ». A partir des résidus de grillage et des croûtons brûlés, M. Chapelier faisait fabriquer du dentifrice et de la « chicorée du pauvre », constituée de miettes calcinées ; l'étiquette : « Chicorée extra » (extra n'étant que l'abréviation d'extraordinaire...).

Ce ramassage et cette industrie de la croûte fondés sur le réseau des chiffonniers comportent à mes yeux une morale.

Anecdote vraie : un chiffonnier interrogé par un bourgeois de l'époque : « Que faites-vous mon brave, de toutes ces croûtes ? »

Réponse : « Je mange celles qui sont propres et je vous fais manger celles qui sont sales. » En effet, une étude plus attentive du circuit Chapelier montre que ces croûtes de second choix finissaient, pour une grande part, à Puteaux ou à Clichy, petites villes de banlieue spécialisées dans le recrutement des nourrices et la garde des enfants de bourgeois. Les parents ignoraient, bien sûr, de quelles fournitures spéciales étaient faites les bouillies et les soupes au pain. Il me semble lire dans les pensées du chiffonnier à qui on pose la question : « Toi, bourgeois de Paris qui ne respectes pas le pain, ton fils finira bien par manger tes croûtes ! »

les pains
Régionaux

Le public ignore généralement que le pain, comme le fromage ou le vin, représente un patrimoine considérable, diversifié en d'innombrables variétés régionales. Le boulanger français lui-même par nature est peu enclin au traditionalisme.

C'est pourquoi j'ai exécuté le travail qui suit : un panorama des pains régionaux, de ceux qui ont disparu et de ceux que l'on fabrique encore de nos jours.

Un tel travail n'avait jamais été réalisé. Très vite, je me suis aperçu qu'il s'agissait d'un véritable sauvetage. Beaucoup des informations que j'ai recueillies, auprès de gens à la retraite ou très âgés, eussent été perdues à tout jamais.

J'ai interrogé près de 10 000 professionnels à travers toute la France, pendant 2 ans, recueilli leurs témoignages, pris des notes, collectionné les observations, recoupé les informations et finalement identifié une centaine de pains dont un grand nombre sont encore fabriqués aujourd'hui. Je suis parti du principe qu'il y a spécialité régionale à partir du moment où il y a une « forme » spécifique, un « nom », et éventuellement une technique particulière de mise en œuvre pour la confection du produit, à fortiori lorsque la nature des céréales et des farines est particulière. J'ai parcouru des dizaines de milliers de kilomètres pour doubler cette étude ethnologique en bonne et due forme du contact direct indispensable avec les détenteurs de ce patrimoine gastronomique. Puis j'ai réalisé un tableau sur lequel j'ai approximativement disposé les pains selon leur région d'origine.

Les raisons de la disparition des pains régionaux sont multiples et imputables à trois causes majeures : d'une part, au fait que le boulanger n'est pas traditionaliste, d'autre part, au fait que la mécanisation ou disons la machine « sait » fabriquer une baguette ou un pain de deux livres, mais elle ne « sait » pas faire une couronne de Bugey, une fouée ou un pain porte-manteau. Enfin, une disposition prise pendant la guerre 1939-1945 par le gouvernement de Vichy interdisait au boulanger de faire autre chose qu'un pain standard en boule, dans l'intention de rendre le contrôle de la fraude plus facile. Cette rupture dans les habitudes boulangères fut fatale à la plupart des petites fabrications régionales qui disparurent dans leur majorité. Qu'il me soit permis au passage de reprocher à la boulangerie française artisanale (90 % de pain fabriqué en France, bientôt moins, selon les prévisions d'industriels) de s'être adonnée un peu rapidement à la standardisation massive et ennuyeuse du pain.

Demander ces pains aux boulangers de province (je donne les adresses) représente donc plus que la démarche d'un connaisseur, c'est un acte de conservation du capital gastronomique.

Enfin, même si certaines de ces spécialités ont évolué ou légèrement dégénéré, le fait est incontestable : les pains régionaux ont leur vie propre, et par leurs variétés, le jeu de leurs différences, ils présentent un panorama aussi large, sinon plus, que celui de nos vins de pays.

Panorama des pains régionaux

les pains
Régionaux

39 Sübrot	61 La méture
40 Pain Graham	62 Le tignolet
41 Pumpernickel	63 La flambade, flambadelle, flambêche
42 Pain tressé et pain natté	
43 Le fer à cheval	64 Le tordu
44 Pain collier	65 Le quatre-banes
45 La fouée	66 Le porte-manteau
46 Le pain cordé	
47 Le pain de seigle	67 L'échaudé
48 Pain chemin de fer	68 Le pain de Lodève
49 La couronne	69 Le phoenix, le pain viennois
50 La couronne de Bugey	
51 Le pain vaudois	70 Le charleston
52 La couronne bordelaise	71 Le ravaille
	72 Le pain coiffé
53 La souflâme	73 Le beaucaire
54 Le méteil	74 Le pain scie
55 Le seda	75 Le pain d'Aix
56 La maniode	76 La tête d'Aix
57 La fougasse	77 Le charleston niçois
58 Le pain bouilli	
59 La rioute	78 La michette
60 Le gascon ou l'agenais	79 La main de Nice et le monte-dessus
	80 La coupiette

Les chiffres apparaissant sur cette carte de France renvoient aux pains régionaux dont on trouvera la description dans les pages qui suivent.

LE PAIN PLIÉ

Connu aussi sous le nom de pain de forain, c'est un pain original, de pur blé, dont le façonnage est suivi d'un pliage particulier. La pâte bâtarde est très peu pétrie, et devrait être fermentée au levain. Son poids se situe entre 1 et 10 kg.

Les manipulations se font en quatre temps et uniquement à la main :

* Mise en boule et attente de 1/4 d'heure à 20 mn.
* Donner une forme de poire à l'abaisse et laisser reposer 5 à 10 mn.
* Faire ensuite un premier pliage en ramenant chacune des deux extrémités au centre.
* Replier le pain en portefeuille sur la pelle à enfourner à la mise au four. Il se fait brillant ou fariné. Il est encore fabriqué dans le Finistère aujourd'hui.

❖ *M. Lecorvaisier, rue de Quintin, 22000 Saint-Brieuc. (96) 94.05.38.*

LE BARA MICHEN

Cette spécialité bretonne a disparu. Le bara michen était une fabrication régionale presque intercantonale de l'extrême pointe sud du Finistère. Ce pain de blé de 2,5 kg, fermenté sur un levain de levure, était cuit en moule et fendu dans le sens de la longueur. Je n'ai jamais été attiré par les pains cuits au moule. Je ne pense pas que ce pain soit une grande perte pour notre patrimoine de spécialités boulangères.

LE PAIN
DE MORLAIX

3　　Un cousin germain du pain plié. Toutefois, sa forme est plus carrée et il fermente 1 à 2 heures de plus. Il est aussi plus lourd, ce qui est la conséquence de son façonnage tardif (seulement 20 à 30 minutes avant de le mettre au four).

Le dessus est brillant et doré à l'eau avec une brosse. Sa lourdeur apparente peut rebuter certains, mais son goût acidulé (s'il est bien fait) est excellent. Il ressemble à un portefeuille ; son poids est de 500 g à 2 kg.

❖ *M. Le Faucheur, rue de Paris, 29210 Morlaix. (98) 88.12.18.*

LE PAIN CHAPEAU

4　　Pain régional assez localisé, issu du Finistère entre La Feuillée-Huelgoat-Maël-Carhaix.

Ce pain de blé est constitué de deux boules de pain ; la supérieure est légèrement plus petite. Il est façonné à gris dans un paneton (et donc à l'envers pendant la levée qui dure environ 1 h 30). Au moment de mettre au four, le boulanger solidarise les deux boules en enfonçant le majeur dans le milieu de la boule supérieure, ce qui lui évite d'éclater. Poids : 1 à 3 kg.

❖ *M. Le Faucheur, rue de Paris, 29210 Morlaix. (98) 88.12.18.*

LE PAIN
BONIMATE

Ce pain n'existe plus dans sa version originale au levain. Pour les Bretons (ce pain est d'origine morbihannaise), il désigne un pain en forme de boule. Au début, il avait une autre originalité. Le pain quotidien des habitants de la région de Lorient était au seigle, le pain de blé étant réservé aux dimanches. Cependant, durant la période des fêtes de Noël, on mangeait un pain de mélange, 50 % de blé, 50 % de seigle, que l'on appelait pain bonimate. Pesant de 3 à 7 kg, il était fariné sur le dessus et coupé en parallèle.

❖ *M. Le Bihan, 56700 Hennebont. (97) 36.27.47.*

LE PAIN MIRAUD

Peu connu, même dans son pays d'origine (la Bretagne), on le trouve dans l'est des Côtes-du-Nord. Ce pain de blé contient un pourcentage de farine de seigle (10-15 %) qui lui donne une certaine fraîcheur.

Il pèse au moins 1 kg, mais peut atteindre 15 kg. Son éclatement est dû au refaçonnage tardif, à la grande fermeté de la pâte et au coup de lame profond donné à la mise au four. Mie dense, bonne conservation, la croûte est toujours ferme.

❖ *M. Roignand, 26, rue de la Marne, 22110 Rostrenen. (96) 29.00.96.*

LE PAIN SAUMON

7   La Bretagne a traditionnellement cuit quelques spécialités de pain en moule. Elle partage cette tendance avec certains pains allemands. Ce pain ancien (appelé aussi pain boîte) est relativement petit, 500 g environ. La forme actuelle a quelque peu changé ; il ressemblait autrefois à une barque, alors qu'aujourd'hui il est cubique. C'est principalement à Saint-Malo et sur la côte de l'Ille-et-Vilaine que l'on trouve encore ce pain de blé fait à la levure.

❖ *M. Échardelle, 34, rue des Bas-Sablons, Saint-Servan, 35400 Saint-Malo. (99) 56.23.44.*

LE MONSIC

8   Autrefois appelé le pain nantais, le « monsic » est un pain de froment toujours fabriqué dans la Loire-Atlantique. Son poids a baissé avec les années : de 1 à 1,5 kg, il ne se présente plus aujourd'hui qu'en pain de 200 à 300 g. Traditionnellement, il fermente en paneton et au levain. Sa croûte est brillante et dorée à l'eau.

❖ *M. Noyer, rue des Vignes, 44150 Saint-Géréon. (40) 83.23.82.*

LE PAIN GARROT

9   Le garrot est une spécialité normande très disséminée. Les derniers boulangers qui continuent à le faire sont dans le Cotentin. Ce pain était confectionné pour les jours de foire, de pèlerinage, et les fêtes. C'est une fabrication très soignée, faite de farine de blé sans eau et sans sel. Ce sont des œufs qui remplacent le liquide.
     Chaque petit pain ainsi confectionné dans une pâte bâtarde est poché 1 h dans de l'eau frissonnante, dans

un grand récipient en cuivre de 1,30 m de diamètre sur 45 cm de profondeur.

Le levain mélangé à la pâte les fait gonfler. Après cuisson on les immerge dans l'eau froide.

Après avoir été égoutté (2 h à 6 h), le pain est cuit normalement dans un four à température assez élevée.

Ce pain délicieux se mange avec du beurre salé ou des confitures au petit déjeuner.

Le « cônu » ou « conuet » est le même pain mais brié (voir pain brié).

❖ *M. Thuillet, 50660 Annoville. (33) 47.50.00.*

LE PAIN DE CHERBOURG

C'est le pain plié breton à une différence près. Les boulangers de Cherbourg étaient autrefois bénéficiaires d'une faveur (toujours en vigueur aujourd'hui) qui semble unique en son genre et dans l'histoire, celle qui les autorisait à puiser l'eau de mer pour pétrir le pain. Il avait été aménagé une fontaine spéciale appelée « La Fontaine des boulangers » ou le « Rocher de Saint-Martin ».

Le pourcentage de sel contenu dans l'eau de mer est parfait et peut être utilisé non coupé d'eau douce. L'eau de mer fermente parfaitement bien. Ce pain fut aussi appelé « pain de Napoléon », cette deuxième appellation tient à sa ressemblance avec le chapeau de l'Empereur.

Pour raison sanitaire, il n'est plus autorisé d'utiliser

10

de l'eau de mer pour la confection du véritable pain de Cherbourg. Seul subsiste le pain plié traditionnel, dont la fabrication est faite avec de l'eau douce.

❖ *(Se trouve à Cherbourg.)*

PAIN BATEAU

11   Ce pain était confectionné spécialement par les boulangers côtiers de Bretagne et de Loire-Atlantique ainsi que de la Vendée pour les marins pêcheurs (notamment Terre-Neuve).

En fait, c'est une miche ordinaire recevant une seconde cuisson dans un four à température plus basse pour devenir ce pain spécial recuit de longue conservation. Une astuce des marins consistait à déposer ces pains sur le sel à morue humide, ce qui leur donnait une conservation sans moisissure de un mois et plus.

C'est ce pain-là dont le commandant Charcot avait chargé des centaines de kg au port de Brest, avant de partir au pôle Nord. En Corse, on l'appelait pain-biscuit.

Quadrillés sur le dessus, ronds, sans baisure, ces pains de blé pesaient entre 3 et 5 kg.

LA COURONNE MOULÉE

12   On trouve des couronnes utilisant des techniques de façonnage très diverses à travers beaucoup de régions de France. L'opinion selon laquelle les protestants auraient utilisé la couronne pour s'éviter de signer le pain (on ne fait pas une croix sur un vide) n'est pas vérifiable, et donc sujette à caution.

La couronne est un pain qui a suscité plus que d'autres un sens de la création artistique et engendré des compositions variées. Les candidats maîtres-boulangers les utilisaient souvent pour concrétiser leurs inspirations.

La couronne moulée : en Bretagne du Sud, cuite en moule lisse, elle pèse 2 kg. Elle est brillante et fendue à la lame.

LE TOURTON

13

Limité à quelques petites villes de Loire-Atlantique comme Nozay, Blain, Treillières, ce pain de grattures et de restes de pâte était enrichi de sucre, œufs et beurre, puis doré à l'œuf.

Autrefois présenté en rond, il est actuellement souvent long et pèse 500 g (pour pouvoir être façonné dans les machines, changement fréquent depuis trente ans en boulangerie). Il est toujours fabriqué, tout en ayant un peu changé de nature.

C'est un pain qui, grillé, est délicieux pour les petits déjeuners, car son acidité nécessaire fait bon ménage avec le beurre.

Le pain cholande fabriqué de la même manière est originaire de Saint-Dié (Vosges).

❖ *M. Chatellier, rue Principale, Treillières, 44240 La Chapelle-sur-Erdre. (40) 63.74.21.*

LA GÂCHE

14

La gâche est de nature légèrement différente selon les lieux. Dans le Cotentin, c'est une galette de pâte de froment salée, ronde, cuite en « avant-coup », c'est-à-dire à four très chaud (avant la fournée).

Elle se mange chaude de préférence, avec du beurre, ou de la rillette. C'est un pain agréable pour le petit déjeuner. Son poids est de 500 g à 1 kg. Il est peu fermenté, peut se réchauffer facilement. Le dessus est brillant et quadrillé.

Dans l'Ille-et-Vilaine, la gâche est plus riche ; elle a même des velléités pâtissières ; on y incorpore du sucre, du beurre ou du saindoux ou des pommes. Elle n'est pas acidulée non plus, bien que fermentée au levain. Le dessus est doré à l'œuf ou au lait.

❖ *M. Terrier, « Le Val de Serre-Cotentin », Les Fours, 50630 Quettehou. (33) 54.13.56.*

❖ *M. Hénault, « Le Port de la Houle », 9, quai Gambetta, 35260 Cancale. (99) 89.60.52.*

LE PAIN RENNAIS

15   C'est un pain que vous ne trouverez plus dans sa version ancienne. D'apparence identique au pain polka, il est néanmoins très différent, sa faible épaisseur est due au façonnage et non pas à l'écrasement. Il exige des panetons spéciaux : très grands, ronds et plats. Son rapport mie/croûte, sa masse très aérée et sa cuisson faisant une croûte épaisse comme un doigt le placent parmi les meilleurs pains français. Il fermente traditionnellement au levain, et pèse de 2 à 3 kg. Il est fait avec une pâte bâtarde et ferme, qui fermente lentement.

LE PAIN BRIÉ

16   Le pain brié est associé à la Normandie. Cette belle spécialité régionale de pain au levain suppose que l'on pétrisse une pâte de blé très ferme. Après un repos de

30 minutes, on la durcit à nouveau par petits pâtons à l'aide de farine que l'on réincorpore à force. Un appareil est nécessairement utilisé pour cette deuxième manipulation, « la brie » : il permet le durcissement du pain.

Une succession de chocs verticaux en alternance aux pliages laisse apparaître un blanchiment de la pâte. Cette opération de « gavage » terminée, on laisse reposer les pains au moins 2 à 3 heures avant de les mettre au four (qui est toujours un peu vif pour la cuisson du brié).

Il sent bon le froment, c'est un pain merveilleux pour accompagner les fromages, il doit pour cela être coupé fin, car sa densité est très forte et peut en rebuter certains [1].

Une variante du pain brié dans le Calvados (le pain de bateleur). C'est le pain brié fait en galettes très dures, très salées et contenant du beurre, lisses et brillantes. Il était mangé dans les champs pour éviter de se déshydrater.

❖ *Boulangerie Osmont, 130, rue Saint-Julien, 76000 Rouen.*
(35) 72.59.18.

LE PAIN À SOUPE

C'est la plupart du temps une galette très plate et piquée, pour lui éviter de gonfler. La croûte peut être si épaisse qu'elle ne laisse plus apparaître aucune trace de mie. De couleur marron mat, ou fariné au seigle, outre la fonction de bien s'imbiber, il garde une bonne tenue. Sa fonction essentielle est de teinter et de parfumer la soupe. C'est un pain de froment au levain très sec, qui se conserve presque indéfiniment. On l'utilisait principalement en Bourgogne et en Normandie.

❖ *M. Roger Laumaille, 50320 Folligny. (33) 61.32.38.*
(Il en fait une fois par semaine.)

17

---

1. *Curieusement, les Italiens font, dans la région de Venise, des pains briés utilisant les mêmes techniques et le même matériel.*

LE PAIN DE MIE

18   Le pain de mie est un parfait exemple de l'évolution dont
        un pain peut faire l'objet à travers les siècles.

        Il est connu sous cette appellation depuis au moins
        le début du xviiie siècle (Malouin en parle dans son
        Encyclopédie de 1767). Une chose est demeurée, c'est sa
        vocation de matière première pour la cuisine : viandes
        panées avec de la chapelure blonde (qui est issue de la
        croûte du pain de mie), la chapelure blanche étant
        utilisée pour les farces (elle est issue de l'intérieur du
        pain de mie).

        A l'origine, ce pain n'est pas mis en moule, il est formé
        en boule dont la texture est serrée ; l'apparition du
        moule à pain de mie coïncide avec l'utilisation de
        matières grasses et de sucre (il n'y en avait pas à
        l'origine). Et si, comme le dit le professeur Calvel, les
        mots ont un sens, ce pain doit être normalement pauvre
        en croûte pour répondre à sa vocation, le moule
        atteignant bien cet objectif. Sa nature actuelle voisine
        avec des pains anglo-saxons.

        Porter un jugement de valeur sur ce pain (actuellement
        à la levure) est hasardeux en ce sens qu'il peut être bon
        ou ignoble selon le boulanger. Une chose est sûre à son
        sujet, c'est qu'il n'est pas le meilleur pain pour être
        consommé avec du foie gras ou du saumon comme on
        le voit malheureusement trop souvent.

LE MAIGRET

19   Le maigret est un pain à potage. En Mayenne, lieu
        d'origine de cette spécialité, on trempe le maigret dans
        la soupe au lait, mais aussi dans le pot-au-feu, ce qui
        est plus singulier.

Ce pain de blé de forme oblongue et fermenté au levain pèse de 200 à 300 g, et reste au four pendant le même temps qu'un pain d'un kilo. Son centre laisse apparaître la trace de mie blanche au milieu, cernée par une croûte épaisse. Ce pain peut aussi être mangé avec des fromages.

❖ *M. Peccard, 53570 Commer. (43) 04.30.87.*

LE RÉGENCE

Ce produit de luxe à la levure (fermenté impérativement sur poolish) est un pain qui est comme nombre d'autres tombé en désuétude. Il m'a été très difficile de réunir le témoignage de plusieurs vieux boulangers pouvant me parler du régence.

[20]

La poolish consiste en gros à ne pétrir qu'un tiers de la farine dans deux tiers d'eau et dans un deuxième temps (qui peut être éloigné de 1, 2 ou 3 heures), à pétrir les deux tiers de farine avec le dernier tiers d'eau. C'est une excellente technique pour le bon goût du pain.

La pâte doit être impérativement très molle. Les petites boules posées sur toile se touchent et constituent ce chapelet qui pèse environ 300 à 350 g. La mise en four s'effectue à un degré de pousse maximum presque exagéré. La cuisson est rapide et le petit pain est peu cuit à l'intérieur. La surface est dorée à la brosse à eau. Rassis, il est utilisé pour faire des croûtes à potage.

LA FALUCHE

21   Connue dans le Nord, les Flandres et en Belgique, la faluche est un petit pain au levain rond, son poids est de 150 à 200 g. On utilise une farine de blé pour la confectionner, boulée puis aplatie au rouleau et farinée. Elle cuit normalement sur le carreau du four (chaud) (et non pas sur plaque). Aussitôt sortie du four, elle est enfermée dans un sac de toile de jute fin, la concentration de vapeur qui en résulte la ramollit considérablement. La vraie faluche reste molle longtemps, et présente un trou majeur à l'intérieur duquel on peut déposer du beurre, de la cassonade, de la confiture ou autre nourriture.

❖ *M. Vantours, 25 bis, rue de Strasbourg, 62100 Calais. (21) 36.35.41.*

LE PAIN POLKA

22   Généralement de forme ronde, mais pouvant aussi être allongé, ce pain de blé, excellent, n'est pas à proprement parler une spécialité régionale très délimitée. Il est nationalement connu, mais se rencontre plus dans les régions du Val de Loire que dans le reste du pays : la Charente-Maritime, et aussi le Jura, le Doubs, la Haute-Saône, l'Yonne, la Nièvre, la Saône-et-Loire, la Côte-d'Or, le Maine-et-Loire, l'Indre-et-Loire, la Vendée, l'Eure-et-Loir, la Sarthe, la Mayenne, les Deux-Sèvres, la Somme, l'Aisne.

    Ce bon pain de blé doit être fermenté au levain ; d'un poids de 2 kg, il est tourné à gris.

Il reçoit deux manipulations très spéciales avant l'enfournement :

1. Il est aplati à force avec le plat des mains ou avec le paneton afin de lui faire perdre un maximum de gaz issu de la fermentation.

2. La coupe en quadrillage lacère si profond que la lame peut toucher la pelle à enfourner. La croûte doit être brune et épaisse, et mate comme pour toute cuisson sans buée. La coupe profonde autorise, une fois cuit, à casser des morceaux facilement.

C'est le pain des amateurs de bien cuit.

❖ *M. Veau, rue de la Maunauderie, 79120 Lezay. (49) 29.41.01.*

L'ARTICHAUT

Malouin en parle dans son *Encyclopédie* de 1767. Il le présente même en gravure. C'est un des seuls pains qui fasse l'objet d'une représentation graphique ancienne. S. Vavry, dans son *Guide des boulangers* (1834) en parle aussi et en donne une description précise, heureusement, car ce pain assez populaire au xviiie siècle a totalement disparu.

23

Fait d'une farine grossière et bise, pâte très ferme selon Vavry, la forme en est donnée en allongeant un pain long comme une flûte de 25 cm et de 250 g. On l'aplatit, on lui fait des crénelures avec le coupe-pâte qui descend à la moitié de la largeur de la pâte aplatie. Puis on le saisit par un bout et on le roule. Il fermente à l'endroit dans un paneton étroit. Il est doré à l'eau.

LES PETITS PAINS

Les petits pains individuels semblent faire l'objet de certains soins (ce qui n'est pas toujours vrai, car ils sont souvent le produit d'une mécanisation facile). Leur succès relatif auprès des restaurants et grands hôtels est lié aux facilités de distribution. Le petit pain individuel a quand même un charme propre.

24   ✳ *Le petit pain tabatière :* c'est celui que je préfère personnellement. Il est plié en deux et la charnière est réalisée en appliquant un rouleau de bois sur le centre.

25   ✳ *Le petit pain choine :* cette dénomination vient de pain de chanoine. Ce petit pain autrefois salé (alors que le sel était un produit de luxe) a conféré à ce produit un caractère de richesse qu'il n'a plus. L'expression : « il a mangé son pain blanc le premier » vient de : « il a mangé son choine blanc le premier ». Son poids varie de 60 à 100 g. Il est coupé à la lame, et est d'une pâte tendre. Pratique pour les sandwiches individuels, son pays d'origine semble être le Lot-et-Garonne.

26   ✳ *Le pistolet :* c'est le petit pain fendu, autrefois fendu avec une baguette de bois huilée, de 60 à 80 g, que tous les palaces de la Côte d'Azur ont utilisé au début du siècle. Il peut être bon comme détestable selon la fabrication.

27   ✳ *Le petit pain auvergnat :* c'est une sorte de pain chapeau ou plus petit. Il pèse 50 à 80 g cuit. Sa partie supérieure est très aplatie à la manière d'une casquette. Il est fariné, cuit à four vif.

28   ✳ *L'empereur :* celui fait à la main n'a rien à voir avec celui fait de nos jours avec les machines. L'ancien était confectionné manuellement, et sans faire de passéisme, il était meilleur.

29   ✳ *Le petit pain miraud :* c'est le même type de pain que le pain miraud sans farine de seigle. Son poids est de 50 à 75 g.

Le petit pain tabatière

Le petit pain choine

Le pistolet

Le petit pain auvergnat

L'empereur

Le petit pain miraud

LE PAIN DE FANTAISIE

30   Voyez par là la baguette, le bâtard, le pain de deux livres ou la ficelle ; cette appellation a fait place depuis plusieurs années à la très officielle étiquette « Pain de consommation courante ».

Il est à noter que, vue de l'étranger, la bonne réputation du pain français ne prend pas sa raison dans la baguette blanche et insipide que l'on trouve bien souvent et au sujet de laquelle Jean Giono dit un jour : « Cette infâme colle de pâte qui ne tient pas à l'estomac... »

Cette bonne réputation (qui s'applique en partie à une bonne baguette disparue) vient aussi de cette généralisation de la farine de blé en tant qu'élément essentiel de la fabrication du pain, chose qui fut faite en France avec assez d'avance sur les autres pays européens...

La connotation très parisienne de la baguette n'est pas inintéressante ; par ailleurs, il faut dire que ses limites sur le plan gastronomique sont atteintes beaucoup plus rapidement qu'avec un pain plus traditionnel. Ce n'est sûrement pas un pain qui puisse accompagner une fondue savoyarde ou un plat très traditionnel. La fabrication d'une baguette, qui se plie à une intense mécanisation, explique sa banalité et sa généralisation. C'est une fermentation sur levure directe, lente (5 à 6 heures normalement).

Elle est de nos jours directe et ultra-rapide, ce qui dégrade un peu plus sa qualité.

LE PAIN MARCHAND DE VIN

31   Vraissemblablement parisien d'origine, ce pain de blé de 1,5 kg est proche du pain « parisien ». C'est le pain le plus long que l'on puisse rencontrer. Il peut dépasser 1,60 m de haut. Généralement utilisé par les débits de boisson pour la confection de casse-croûte. On ne trouve

curieusement sa présence que dans des régions vinicoles comme la Bourgogne, l'Oise, la Côte-d'Or ou le Jura et un peu dans l'Yonne.

❖ *M. Quillot, 39800 Poligny. (84) 37.12.05.*

LE BENOITON

Le seigle bien noir et le raisin, qui doit être de Corinthe (impérativement), donnent naissance au benoiton dont je n'ai jamais réussi à cerner avec précision l'origine géographique. Les vieilles gens en parlent de çà et de là à travers presque toute la France, même de vieux Parisiens, excepté le Midi méditerranéen.

C'est un petit pain rond de 80-100 g, idéal pour le petit déjeuner ou pour le goûter. Il est judicieux et valorisant de le couper en tranches fines et de le manger avec du beurre. Sa conservation est excellente (certains le mangent même avec du roquefort, ce qui ne résulte semble-t-il d'aucune tradition gastronomique).

Anecdote : Saint Benoît, ve siècle, évita la mort par un petit pain empoisonné et qui lui était destiné, que son corbeau apprivoisé, véritablement animé par un excellent esprit discriminatoire du bon et du mauvais pain, prit dans son bec et alla perdre dans la forêt.

❖ *M. Noisel, 18, rue Duval, 22400 Lamballe. (96) 31.05.61.*

LE PAIN SAUCISSON

Le pain saucisson ne se distingue du pain chemin de fer (n° 48) que par une technique de scarification spécifique (dessins particuliers sur le dessus du pain). N'importe quel pain long peut être saucisson ou chemin de fer (sa caractéristique étant d'être sans grigne). Son pays d'origine semble être l'Eure-et-Loir, la Mayenne et le Maine-et-Loire. Son poids cuit, jadis 2 kg, est actuellement de 700 g ; il est non fariné.

32

33

La scarification saucisson est transversale ; en usage à Paris depuis le début du siècle, elle comporte 15 coups de lame.

❖ *M. Colliau, 8, rue Simon-Hème, 41500 Mer. (54) 81.00.69.* Sur commande de préférence.

LE PAIN FENDU

34   Selon Urbain Dubois, dans son ouvrage *La Boulangerie d'aujourd'hui,* le fendu est surtout un travail en semi-direct (un levain de levure que l'on ajoute à une pétrie normale). Le temps de repos de la pâte doit nécessaire-ment être de plus de 4 h, ce qui est relativement long pour un pain à la levure (mais il a pu être fermenté en direct aussi).

Il est fendu soit avec l'avant-bras, soit avec un rouleau de bois. Bien fait, c'est un très bon pain. Il a toujours été l'objet d'un certain orgueil de la part du boulanger quant à la réussite de cette vallée qui sépare les deux lobes (vallée qui doit être profonde et régulière).

Plusieurs astuces sont mises en œuvre pour cela, notamment une réglette huilée, ou de la farine soit de riz, de seigle, de manioc, soit grillée. Son poids a varié avec les régions et les années ; il peut être de 200 g comme de 5 kg, ce qui peut, pour un même pain, le rendre si différent. Il est fait massivement en France : dans les Alpes, dans le Midi et le Sud-Ouest, où il est appelé « navette » ; en Corse, il est nommé « la cagitia ». Il est cuit de deux façons, tourné à gris (fariné), ou tourné à clair (brillant).

❖ *M. Arnaud, Saint-Nazaire-le-Désert, 26340 Saillans. (75) 26.28.62.*

LE BOULOT

Le pain boulot (4 livres) n'est pas une pièce émouvante ou essentielle du monument du patrimoine boulanger. A mi-chemin entre la miche et le gros bâtard parisien du début du siècle, il est sans grande originalité technique, fait au levain ou à la levure. Il peut être bon, tout dépend du boulanger, de la conduite de son travail, des matières employées (généralement une farine blanche). [35]

Il a été plus spécialement panifié en Charente-Maritime, en Côte-d'Or, en Haute-Saône, en Mayenne, ainsi que dans l'Eure-et-Loir, le Maine-et-Loire et l'Aisne.

Le boulot que l'on a conçu à Paris est introuvable aujourd'hui. Il reçoit quatre coups de lame, tandis que le jokko, semblable au boulot mais légèrement plus long, reçoit cinq coups de lame.

C'est ce pain qui a été appelé le gros pain par les familles.

❖ *Boulangerie Guillauteau, 44, faubourg Taillebourg, 17400 Saint-Jean-d'Angély. (46) 32.15.78.*

LE PAIN AUX NOIX

Mélangé de 25 à 30 % du poids de la pâte de blé. [36]

L'intimité de la noix et du pain est telle que leur comportement évoque l'image d'un couple qui n'aurait jamais connu qu'une lune de miel.

L'amertume de la peau de noix décharge les papilles des sucres qui pourraient s'y accumuler, et se mêle superbement avec l'acidité du pain. C'est un pain idéal pour la dégustation du vin (les vignerons avaient souvent autrefois quelques noix qui gisaient dans le fond de leurs poches). Il peut être utilisé pour le fromage.

Il fut surtout fabriqué dans une région où les noix sont abondantes : l'Alsace.

Bien que souvent rond, de 400 g, il n'a pas véritablement de forme consacrée par les usages.

❖ *Boulangerie Danias, 12, rue du Collège, 15100 Saint-Flour.*
(71) 60.03.53.

LE CORDON

37   Originaire de Côte-d'Or, ce pain est très particulier par le fait qu'il n'est ni coupé, ni fendu, ni piqué, il est « cordonné ». Ce procédé consiste à réaliser un petit cordon de pâte plus ferme et à le déposer dans le fond du paneton qui doit recevoir le pain.

La présence de cette cordelette de pâte fragilise la surface et permet l'éclatement selon une ligne de fracture de part et d'autre. Son poids est de 1 kg (parfois moins). Fait de farine de froment bise, il fermente lentement au levain.

❖ *M. Dechaume, place des Terreaux, 21210 Saulieu. (80)*
64.18.72.
❖ *M. Rocher, 76, av. de Verdun, 36000 Châteauroux ; 2, rue*
du 90ᵉ-R.-I., 36000 Châteauroux. (54) 34.13.01.

LE PAIN TABATIÈRE

38   C'est une masse relativement ronde, dont l'aspect extérieur peut varier de légèrement fariné à brillant ; la mie doit être souple et très alvéolée, son poids est de 500 g à 2 kg.

80 % de la fabrication du pain dans le Jura était le pain tabatière avant la guerre de 1939-1945. On le trouve à l'origine dans le Doubs, la Haute-Saône, la

Côte-d'Or, l'Yonne et la Saône-et-Loire. Mais sa réputation est nationale.

Le pliage qui caractérise le tabatière est obtenu à l'aide d'un rouleau de bois qui fend à 1/3 le pâton de forme oblongue, ce qui crée un phénomène de charnière ; le rouleau poursuit l'écrasement de la languette (ne pas trop écraser les bords). On plie le gros morceau sur le plat en prenant soin de fariner à la farine de riz. Déposer le tabatière à l'envers dans le paneton et attendre son apprêt.

❖ *M. Dechaume, place des Terreaux, 21210 Saulieu. (80) 64.18.72.*

LE SÜBROT

Comme son nom l'indique, le sübrot est un pain frontalier, fait massivement en Alsace et en Lorraine (c'était le pain d'un sou).

Il est de la famille des pains fractionnables. Il ne s'agit pas d'un pain fendu double. C'est un pliage utilisant des matières grasses (étalé à la main) de la farine, et dont la nature est proche du beaucaire. Sa pâte est molle, il est normalement fermenté au levain. Son poids se situe à environ 200 g.

La farine de blé utilisée est du type 85. Son rapport mie/croûte est en faveur de la croûte. Il est de conservation moyenne. C'est un pain attrayant (on le trouve aussi sous d'autres appellations, « süwekle »).

❖ *M. Meyer, 42, Grande-Rue, 67920 Sundhouse. (88) 85.21.71.*

LE PAIN GRAHAM

Le pain porte le nom de son créateur, le Dr Graham. C'est le seul pain à ma connaissance qui se soit internationalisé depuis le milieu du xixe siècle. On le trouve en Amérique du Nord et aussi en Europe.

Les connaissances médicales du Dr Graham l'ont amené (comme un certain nombre d'autres médecins depuis cette époque) à mettre en évidence l'utilité du son dans le pain, et son intérêt à l'égard de l'accélération du transit intestinal, et donc l'aisance digestive qu'il engendre en général. (Ce qui montre que les réalités médicales, à la limite de ce que nous voyons aujourd'hui, obéissent à des phénomènes proches de la mode.)

Sa farine est intégrale (on fait 100 kg de farine avec 100 kg de blé). Il fermente au levain. Sa conservation est fatalement bonne. C'est un pain à manger quelques fois dans l'année. La fraîcheur de la mie et son parfum lorsqu'il est bien fait sont excellents. Sa densité impose de le couper très fin. Son poids varie de 500 g à 1,5 kg.

❖ *M. Heubach, rue des Serruriers, 67000 Strasbourg. (88) 32.28.29.*
❖ *M. Kopp, 10, rue Saint-Maurice, 67000 Strasbourg. (88) 67.74.91.*

LE PUMPERNICKEL

41   Pain originaire de Westphalie, que l'on trouve en Alsace. Son nom curieux a suscité plusieurs explications : celle selon laquelle Napoléon y serait pour quelque chose est totalement erronée, la plus vraisemblable remonte à l'année 1450 pendant laquelle régnèrent à Osnabrück une grande sécheresse et une sévère famine. Pendant cette période la municipalité fit cuire pour les pauvres un pain qui avait été gratuitement amélioré et qui portait le nom de « *bonum panicum* », c'est-à-dire « le bon pain ». Il eut un tel succès que l'on continua à le fabriquer bien longtemps après que la famine eut disparu. C'est ce nom « *bonum panicum* » qui se transforma tout d'abord en « bumponicel », puis plus tard en « pumpernickel ». On lui a souvent reproché son goût et son parfum corsé que d'aucuns ont considéré d'une délicatesse « toute germanique »... Il est fait au levain avec du seigle pur, broyé grossièrement. (Voltaire en a fait des critiques

méprisantes.) Il est le plus gros pain de consommation courante du monde (on l'a vu de 15 à 30 kg). A une certaine époque – on l'a pétri avec les pieds – sa cuisson durait 24 heures tant sa masse était importante. Sa présentation est extrêmement variée, en bloc parallélépipédique, cuit en moule, en boule, en chapelet, etc.

Se digère bien, est un pain excellent 3 fois ou 6 fois par an. Il est de conservation très exceptionnelle !

❖ *M. Scholler, place Broglie, 67000 Strasbourg. (88) 32.39.09.*

LE PAIN TRESSÉ
& LE PAIN NATTÉ

Le pain tressé ne semble pas, en France, appartenir à une région spécifique, bien qu'il soit fait massivement en Alsace. Sa présence est diffuse et vraisemblablement tournée à l'adresse de l'Éternel. On trouve fréquemment, sur des pains bénits, des nattes décorant le pourtour ; cette approche esthétiquement toujours réussie ne présage pas à mon sens d'une technique de panification particulière.

42

Les Juifs font des pains nattés tous les vendredis pour le sabbat avec quelquefois des graines de pavot ; la littérature juive ne parle pas de cette forme ; toutefois, on a retrouvé, à Montpellier, un bas-relief en pierre représentant un chandelier à sept branches à côté duquel se trouve un pain natté. L'encyclopédie *Judaïca* parle elle aussi des pains nattés.

Enfin, Urbain Dubois, en 1950, dans son ouvrage *La Boulangerie aujourd'hui,* indique que les petits pains tressés

à l'anis sont très populaires dans la région de Toulouse
et tout le Narbonnais.

❖ *M. Pérelman, 24, rue des Écouffes, 75004 Paris. 887.92.85.*
❖ *M. Guiral, 28, avenue du Maréchal-Juin, 82100 Castelsarra-
sin. (63) 32.35.58.*

LE PAIN FER À CHEVAL

43   Il peut être considéré à part entière comme un pain de
blé fendu. Seule l'opération de courbure justifie un nom
différent. (On l'appelle aussi : « le pain porte-bon-
heur »). Ses localisations d'origine : Haute-Saône, Hau-
te-Marne, Vosges, Aisne, Ardennes.

Il peut être conformé sur la pelle à enfourner au
moment de la mise au four, ou bien levé dans un paneton
à couronne (Haute-Saône). Voir pain fendu.

❖ *M. Gravade, 31, rue de la Gare, 70200 Lure. (84)
30.12.71.*

LE PAIN COLLIER

44   Il est connu dans les Alpes-de-Haute-Provence sous le
nom de « coulas » et en Charente-Maritime sous celui
de pain collier. Il est mis en œuvre de manière différente
dans l'une et l'autre de ces deux régions.

Dans le Midi, où son poids est de 1 à 2 kg, il est
fermenté sur toile non farinée à la manière d'un pain
long ; l'ouverture centrale est obtenue par l'utilisation
d'un coupe-pâte large, appelé râcle, qui traverse de haut
en bas juste avant la mise au four. Le boulanger prend
soin d'écarter les lèvres.

En Charente-Maritime, le pain collier lève en paneton
tourné à gris qui comporte une séparation de toile pour
maintenir le décollement des lèvres. Une autre variante
consiste à solidariser deux pains longs par leur extrémité
et par pressions manuelles (ce qui donne des extrémités
aplaties).

L'un et l'autre sont décoratifs ; coupés à l'avance, ils font de très beaux chemins de table. Fermentation lente : 4 h-6 h au levain ; farine de froment : type 85.

❖ *Colombero, allée Alphonse-Daudet, 04100 Manosque. (92) 72.17.02.*

LA FOUÉE

C'est en Touraine le pain de prédilection du boulanger pour sa consommation personnelle et de ses amis. Il est réalisé généralement avec les restes de pâte de blé (ce qui ne doit pas être considéré comme une qualité secondaire).

La fouée pèse de 200 à 500 g. Elle est approximative-ment ronde et plate, car elle est formée à la main et déposée immédiatement au four très chaud, ses surfaces sont farinées, non piquées. Elle est saisie plutôt que cuite. C'est un excellent pain de sandwich. Elle est traditionnellement coupée en deux dans l'épaisseur et garnie chaude de beurre gros, rillettes, pâté. Gonzague Saint-Bris, qui a été nourri à la fouée pendant son enfance dans le Val de Loire, la compare au « Big Mac » américain ; il l'utilise pour les pique-niques lors des descentes en radeau et canoë d'Amboise à Angers.

❖ *M. Mahou, 55, avenue de Grammont, 37000 Tours. (47) 64.29.32.*

LE PAIN CORDÉ

Le pain cordé est une fantaisie originale, une création distrayante faite de pâte de froment ordinaire. Il pèse

45

46

500 g, et il est réalisé comme un pain fendu puis tourné
sur lui-même plusieurs fois, ce qui donne cette ressemblance avec la corde.

Il peut être bon, mais il est surtout attractif esthétiquement, car la compression de texture est telle que ce pain
est dommageablement serré.

❖ *M. Giraud, région de Nantes. (40) 34.29.84.* Le ferait
éventuellement sur commande.

LE PAIN DE SEIGLE

47   Le seigle est une céréale victime de la mauvaise
fabrication qui lui est universellement infligée dans les
fournils des boulangeries modernes, et aussi d'une
image de marque de pauvreté. Le pain de seigle est un
très bon pain. Il est très parfumé et frais dans la bouche.
C'est un pain qui exige des rapports de force élevés en
goût. Son défaut lorsqu'il est mal fait : il sent le son.

Géographiquement très largement distribué, on le
trouve plus en Bretagne et dans le Centre et Sud-Ouest
qu'ailleurs. On a fait des boules de seigle de 15 kg dans
le Finistère dont tout le tour était scarifié par une lame
et le dessus quadrillé. Le bon pain de seigle est issu d'une
farine broyée à 100 %. Il peut recevoir un levain de pâte
de froment, ce qui est même souhaité pour être plus
léger. Sa conservation est excellente. C'est, plus qu'aucun autre, un pain qui doit être coupé en tranches fines.

L'Auvergne a traditionnellement panifié du seigle
(type 70 à 85) très fermenté (donc plat) et tourné à gris.
Méthode un peu perdue de vue aujourd'hui.

LE PAIN CHEMIN DE FER

48   Il ne diffère du pain saucisson que par une scarification
distincte, mais la méthode de panification est identique.
Cette scarification, en usage en Côte-d'Or, Yonne,

Loir-et-Cher, Oise, est pratiquée dans le sens de la longueur. Le pain, très plat, reçoit 5 rayures longues. Il était courant, avant la guerre, à Orléans : 20 % du pain panifié était du chemin de fer.

❖ *M. Colliau, 8, rue Simon-Hème, 41500 Mer. (54) 81.00.69.* Sur commande, de préférence.

LA COURONNE
NORMALE
❖
LA COURONNE
FRACTIONNABLE

Elle se conforme comme une couronne classique à partir d'un morceau de pâte façonné long et elle demande l'utilisation d'un panneton.

La couronne normale peut être tournée à clair ou à gris. Tournée à gris signifie levée en panier d'osier toilé (paneton) fariné. Tournée à clair désigne la même opération sans farine. Elle se trouve dans le Tarn et la Garonne, en Lozère, en Corrèze, la vallée de la Drôme.

La couronne fractionnable, fendue ou non, était constituée de un, deux, quatre, six ou huit pains, généralement tournés à gris (farinés) : le partage en deux, quatre, six ou huit morceaux s'effectue au rouleau de bois. De farine de blé, elle était d'un poids de 1,5 à 3 kg. C'est principalement dans le centre de la France, la Creuse, les Charentes, la Vienne et la Haute-Vienne qu'on la trouve.

49

LA COURONNE DE BUGEY

50   Appelée aussi couronne de Savoie, on peut la trouver
        jusque dans la Bresse. Son aspect un peu rustaud et sa
        surface gravelée sont la conséquence d'un façonnage
        bien particulier. D'abord boulée, le boulanger fait
        pénétrer son coude dans le centre du pâton puis y
        introduit ses mains (ou avant-bras) et anime la masse
        de pâte à la manière d'un écheveau. Cette couronne,
        autrefois fermentée en 6-8 heures, ne contient que du
        froment. La pâte, très tendue, est déposée dans un
        paneton fariné (appelé « pailla ») dont le renflement
        central maintient sa structure jusqu'à l'enfournement.
        Son poids est de 1 kg à 3 kg. Traditionnellement, c'est
        un pain très cuit, presque à l'excès. Sa couleur est tête
        de nègre, voire noire.

❖ *M. Bincaz, 73000 Chambéry. (79) 62.26.70.*
❖ *M. Velon, 01500 Ambérieu-en-Bugey. (74) 38.04.33.*

LE PAIN VAUDOIS

51   Cette tradition boulangère suisse a émigré timidement
        hors de ses frontières puisqu'on la trouve en Haute-
        Savoie. La Suisse est un pays d'excellente tradition
        boulangère. Le vaudois en est une expression, qui se
        présente sous trois formes, dont les deux principales
        sont le pain à la croix, pain à tendance ronde, fariné et
        fendu en quatre, et le pain à tête, en trois pièces, de
        forme phallique.
        Il est réalisé avec 10 % de seigle et 90 % de froment.

Le dessus est fariné ; il est traditionnellement bien cuit, et sa croûte est très brune.

Il se rompt en suivant les fractures réalisées préalablement. Il est fermenté lentement. Son poids est d'environ 1 kg.

❖ *Boulangerie Rouge, 19, rue du Vernay, 74000 Cran-Gévrier. (50) 57.12.93.*
Sur commande uniquement.

LA COURONNE BORDELAISE

Spécialité ancienne typiquement bordelaise, on ne la trouve pratiquement qu'en Gironde. Très spectaculaire par cet ensemble de 8 à 9 boules qui la constituent en chapelet. Semi-recouverte d'une collerette intérieure très pratique pour la partager, elle a un bon effet sur une table ronde avec les boules prérompues.

Farine de blé, poids de 200 g à 2 kg, les anciens boulangers font état d'un maximum vu de 5 kg. Fermentation de 6 à 8 heures. Farine bise. Mie intérieure dense, pâte ferme ; le dessus doit être très lisse et doré à l'huile ou à l'œuf.

Fabrication : faire un disque de 2-3 millimètres d'épaisseur. Huiler le bord, déposer les boules sur cette périphérie. Percer le centre et encapuchonner chaque boule une par une. Le retourner à la mise au four.

❖ *M. Pebayle, 6, rue de la Boétie, 33000 Bordeaux. (56) 81.31.46.* Sur commande.

52

LA SOUFLÂME

53   Originaire des Charentes, c'est une fougasse cuite en
présence et presque au contact des braises et des
cendres. Elle a le parfum de fumée sous laquelle elle
cuit (c'est aussi un test de température, qui indique celle
du four).

Couleur terne, poids 300 à 500 g. Elle se mange tiède.
On introduit des rillettes ou du pâté à l'intérieur.

❖ *Boulangerie Ogier, 24, rue de Barbezieux, 16210 Chalais.*
(45) 98.11.72.
❖ *Boulangerie Guillauteau, 44, faubourg Taillebourg, 17400*
St-Jean-d'Angély. (46) 32.15.78.
Sur commande, uniquement le samedi.

LE PAIN DE MÉTEIL

54   Méteil se rapporte à l'idée de mélange au sens le plus
large du mot. J'ai rencontré des pains de méteil en
Bretagne dont le mélange était réalisé avec du blé et du
sarrasin ou de l'orge (en petite quantité), ce qui n'est
pas glorieux, gastronomiquement parlant. Le mélange
blé – seigle est par contre nettement plus « goûteux ».

A Dournenez, on a fait des pains de méteil de
12,500 kg (la valeur de 50 baguettes en une seule pièce).
La forme de ces pains est généralement ronde et farinée
(comme le pain seda ou le pain bonimate).

On trouve massivement du pain de méteil de seigle
dans le Centre, le Lot et les Alpes.

En Alsace, le pain de méteil était obtenu avec la farine
issue des grains récoltés sur des champs ensemencés
moitié de seigle et moitié de froment.

Par extension, c'est la définition retenue par le code
des usages pour la dénomination de la farine de méteil.

❖ *M. Bargues, 42, avenue Gambetta, 46200 Gourdon. (65)*
41.09.99.

LE PAIN SEDA

Son pays d'origine était le Cantal : Mauriac, Aurillac, Saint-Flour.

55

Cette miche était réalisée avec une farine de seconde (la farine de première était assez claire, la seconde bise, la troisième foncée).

La farine de seconde, moins chère, qui servait à confectionner le seda avait une forte proportion de son. Le seda fermentait en paneton confectionné de paille ligaturée avec de la ronce refendue (appelé paillaisse) ; son poids était de 2 à 4 kg. La marque sur le dessus fariné était faite d'une croix. Le pain seda a disparu, mais la miche à la tourte de Dordogne lui ressemble beaucoup.

❖ *René Neuville, Valeille par la Cassagne, 24120 Terrasson. (53) 50.68.40.*

LA MANIODE

C'est un pain ardéchois dont le mélange des céréales est l'expression, comme toujours, des graminées dominantes, cultivées dans la région.

56

Le rapport est proche de 75 % de blé et 25 % de seigle, ce qui, bien sûr, évolue en fonction des disponibilités.

Dans sa forme, c'est un pain fendu, qui fermente en paneton. La surface est recouverte de farine de seigle grossière. Traditionnellement, il fermente au levain. C'est un pain dont la conservation est bonne et le parfum très céréalien. Son poids est de 1,3-1,5 kg.

❖ *M. Chabal, 07160 Lecheylard. (75) 29.04.76.*
Sur commande.

LA FOUGASSE

57   Il y a sûrement une vague filiation parentale entre la
fougasse et la pâte pizza, qui doit être impérativement
acidulée pour être bonne.

C'est un pain d'avant cuisson qui est normalement cuit
dans un four au bois. Une pâte de blé, tendre, au levain
et peu développée, cuite dans un four très chaud et très
rapidement, sa farine est meilleure bise. La fougasse fut
même un outil si j'ose dire, en ce sens qu'elle servait
de test de température du four. On la trouve dans tout
le sud de la France.

Elle peut porter dessous des traces de brûlé. Elle est
toujours très molle, saisie à la cuisson, dans un four qui
peut être ouvert (donc sans buée). Elle est fourrée au
rillon dans les Pyrénées-Orientales.

❖ *Boulangerie Belengri Michel, 32, boulevard Jean-Bourrat,*
66000 Perpignan. (68) 61.40.86.
❖ *Boulangerie Belengri, place St-Jacques, 66140 Canet. (68)*
80.20.97.

LE PAIN BOUILLI

58   C'est ce pain, spécialité des Alpes, dont les anciens nous
disent qu'il se conserve dans les caves ou les greniers
de 6 mois à 1 an et plus.

Fait de farine de seigle exclusivement, l'eau utilisée
est bouillie et incorporée brûlante à la farine.

Habituellement fait en automne dans la tradition du
pain noir ukrainien, très ferme, en masse de 5 à 9 kg.
Les habitants de Villar-d'Arêne, dans les Hautes-Alpes,
près du col du Lautaret, en font encore chaque année,
car ce pain est pain de non-professionnel.

La population le pétrit durant 7 heures, le fait reposer
7 heures et enfin le cuit pendant 7 heures.

❖ *Se renseigner à la mairie, 05480 Villar-d'Arêne. (76)*
80.05.56. Au mois de novembre.

LA RIOUTE

La rioute n'est pas un pain comme les autres, en ce sens qu'on ne la consomme généralement pas aux repas, mais en dehors des repas.

59

Ce petit pain très parfumé à l'anis se trouve dans les bistrots ou dans les champs avec de l'Apremont ou autres vins blancs ou rouges sucrés (mondeuse rouge) ou dans du lait.

La pâte est si dure que les boulangers ont cessé de la produire après en avoir même cassé leur pétrin. Elle pèse 100 à 150 g ; très peu levée sur levain, elle cuit dans l'eau bouillante. Lorsqu'elle remonte à la surface, on la plonge dans l'eau froide, puis elle égoutte sur place. Enfin, on la cuit dans un four très chaud.

Porteur de dentier, s'abstenir...

❖ *M. Ducret, 13, boulevard Gambetta, 73000 Chambéry.*

LE PAIN AGENAIS OU GASCON

Ce pain originaire du Lot-et-Garonne porte deux appellations : l'agenais (la languette de pâte qui termine le pain est dessous), et le gascon (cette languette est sur le dessus). C'est la seule différence.

60

Il est roulé à la farine de riz sur lui-même à la manière d'un croissant de 3 à 5 kg, ce qui crée un décollement des plis, et le développement de deux larges grignes sur les côtés : d'où une troisième appellation de « pain de nœuds », au regard de son esthétique assez évidemment biphallique. Cette pâte bâtarde fermentée au levain s'obtient avec une farine bise de froment et un pétrissage lent de quelques minutes. Elle fermente dans des panetons en bois ayant la forme d'une barque. La cuisson est très spéciale et se décompose en deux temps bien distincts :

1. Le contrôle de la couleur à four chaud et fermé pendant 15 minutes.

2. La cuisson à proprement parler pendant 2 à 3 heures à four grand ouvert.

Ce pain fait le bonheur des amateurs de croûtes épaisses.

❖ *M. Mignard St-Jean, 47120 Duras. (58) 94.00.99.* Il en fait quotidiennement.

LE PAIN MÉTURE

61   La méture est un produit typiquement landais. Il est rustique pour avoir été réalisé la plupart du temps par les paysans. La lourdeur de ce pain à mie jaune lui a souvent été reprochée. Bien travaillé toutefois, il peut être excellent et ne pas avoir cet inconvénient. Sa couleur vient de la farine de maïs en mélange ou en totalité.

Il est cuit dans un moule rond et haut (souvent une vieille casserole chemisée avec des feuilles de choux cavaliers – la garbure – chou non amer) ; il est fermenté au levain. Grillé, il est traditionnellement mangé avec la saliade (sorte de rillette d'oie qui provient de la cuisson des confits), il est aussi utilisé pour tremper la soupe au lait. Bonne conservation. Goût intéressant.

Nota : le pain de maïs a été assez répandu en France pendant la guerre de 1940 et sa consommation n'est en relation qu'avec la pénurie céréalière. On le retrouva en 1947 pour quelques mois.

Ce pain n'est plus fabriqué par les boulangers qui ont « pignon sur rue ». Seuls, quelques fermiers ou fermières perpétuent la tradition.

LE PAIN TIGNOLET

On fait le pain tignolet en pays Basque, Béarnais, Bigourdan et sud Gascogne. Posé sur une table, il a une prédominance supérieure qui n'est que la conséquence du pliage fait au moment de la mise au four (actuellement fait au façonnage). 62

Comme beaucoup de pains, son poids a baissé considérablement depuis 50 ans. Il pèse aujourd'hui 700 g contre 2 kg.

Il est moyennement acidulé, pas très expansé et légèrement fariné à la farine de seigle. C'est un pain agréable, de bonne conservation.

❖ *M. Plantefève, 4, avenue Joseph-Fitte, 65500 Vic-en-Bigorre. (62) 96.71.84.*

LA FLAMBADE ou FLAMBADELLE ou FLAMBECHE

Cuite après la flambée du bois pour le chauffage du four, c'est une cousine de la fougasse (voir n° 57). 63

La flambade était utilisée pour faire « le poids » des « miches » de 2 ou 3 kg, pesées à la vente. Cuite à four vif, elle présente une couleur tigrée. Elle ne perd pratiquement pas de poids à la cuisson.

❖ *M. Coser, 7, Grande-Rue, 24110 Bergerac. (53) 57.11.00.*
Il en fait le samedi.

LE PAIN TORDU

64   C'est un fendu un peu spécial, puisqu'il fait l'objet d'un torsade à l'aide de farine de riz, à la manière d'un torchon que l'on essore.

     C'est une farine de blé, de fermentation moyenne (levain d'autrefois). Sa structure en forme de vis qui contrarie quelque peu son expansion le rend légèrement serré. Il est peu fabriqué aujourd'hui (les machines n'aiment pas beaucoup ce genre de fantaisie). Il l'était autrefois dans le Sud-Ouest et le Centre (un peu), dans le Limousin et jusqu'en Charente-Maritime.

     On l'appelle aussi le tourné dans la Haute-Garonne.

❖ *M. Pene, 31700 Daux. (61) 85.45.67.*
❖ *M. Plantefève, 4, av. Joseph-Fitte, 65500 Vic-en-Bigorre. (62) 96.71.84.*
(Seulement sur commande, chez ce dernier, et à condition de lui être sympathique !)

LE QUATRE-BANES

65   Fait massivement dans l'Hérault avant la guerre de 1939-1940, il en a pratiquement disparu aujourd'hui. La méthode de travail utilisée pour la confection de ce pain élimine le labeur de nuit en mettant en œuvre une fermentation lente au levain, ceci en pétrissant et façonnant, presque simultanément, ce pain la veille au soir (sans bien sûr utiliser l'arsenal des moyens actuels mis en œuvre, du type froid et autres agents de bonne tenue fermentaire).

Le quatre-banes utilise une farine de froment plutôt blanche, son façonnage consiste à faire une croix avec deux morceaux égaux et oblongs.

On procède au marquage d'une croix farinée au seigle au rouleau et en diagonale de son centre.

On replie ensuite les bras de cette croix vers le centre et l'on dépose à l'envers dans le paneton fariné. Le quatre-banes pèse 2 kg.

Il était souvent grillé sur la braise et mangé avec du beurre ; des tranches de ce pain grillé étaient disposées sous le rôti ainsi que dans la soupe au fromage.

❖ *M. Forestier, 110, avenue Cot, 34600 Bédarieux. (67) 95.10.25.*

LE PAIN PORTE-MANTEAU

Ce pain, courant en Haute-Garonne, et progessivement abandonné après la guerre, est rare aujourd'hui.

Fermenté au levain, de 500 à 600 g, il a initialement une forme longue proche d'une baguette que l'on aplatit à chaque extrémité et que l'on roule en laisant un tiers du centre non roulé, ce qui crée pour un même pain deux textures très différentes. Il fermente en paneton ou sur couche. Il cuit à four sec. Farine bise.

C'est un pain décoratif, qui se prête assez mal aux sandwiches...

Le chanteur Claude Nougaro se souvient avoir vu le porte-manteau sur la table de famille, dans son enfance.

❖ *M. Pillon, 7, place de la Patte-d'Oie, 31300 Toulouse. (61) 49.35.07.*

L'ÉCHAUDÉ

67   C'est un pain azyme (ce qui est rare en France). La pâte très dure de blé reçoit des graines d'anis et est cuite en immersion dans de l'eau presque bouillante. (Ce type de cuisson est rarissime pour le pain.) Il subit une deuxième cuisson au four classique. Il pèse 80 à 100 g.

    L'échaudé est originaire de l'Aveyron et du nord du Tarn (Albi). Il s'apprécie avec un verre de vin.

    Un seul boulanger le fait encore à Rodez.

❖ *M. Rey, 43, rue de Bonal, 12000 Rodez. (65) 68.08.55.*

LE PAIN DE LODÈVE

68   Lodève est une petite ville de l'Hérault dont le pain bénéficie d'une bonne réputation méritée. Fait unique, ce pain n'est ni pesé, ni façonné, et il est manipulé au minimum. Inutile de préciser que les machines ne servent à rien. Après la pétrie, la masse de pâte bâtarde est déposée dans une grande corbeille d'osier toilé où elle fermente au levain, sans plus de soin, entre 2 h 30 et 3 h. Puis, cette grande corbeille (appelée autrefois paillasse, et c'est pourquoi on l'entend aussi nommer pain de paillasse) est retournée sur la table de travail, et le boulanger découpe avec une habitude certaine des lambeaux de pâte, qu'il dépose directement sur la pelle à enfourner. La mie de ce pain devrait être bise et son goût légèrement acidulé. Ne soyez pas surpris en achetant un pain de Lodève de voir son prix écrit au crayon directement sur la croûte, cela se fait depuis toujours. Il doit être bien cuit.

❖ *M. Laumes, 6, avenue de la République, 34700 Lodève. (67) 44.06.18.*

LE PAIN PHŒNIX
LE PAIN VIENNOIS

C'est un produit d'origine autrichienne qui fut introduit par le comte Zang, vers 1840, alors premier secrétaire de l'ambassade d'Autriche à Paris.

C'est un véritable sang neuf qu'a apporté Zang à la boulangerie française de l'époque par rapport aux méthodes viennoises. Il s'agit d'une fermentation de farine de blé (30 à 60 % de gruau) à la levure sur poolish : pâte molle.

Méthodologie de la *poolish :*

❋ 1re opération : 1/3 de farine, 2/3 d'eau + levure. Fermentation 3 à 4 h.

❋ 2e opération : Ajouter 1/3 d'eau 2/3 de farine + sel.

Par opposition au « pain viennois », les boulangeries du début du siècle affichaient parallèlement « pain français » (ensemencé au levain).

Il est cuit dans un four très embué, sa croûte est très brillante, dorée à l'eau. Le coup de lame ne fait pas éclater le pain car l'effet maximum de fermentation s'effectue en pâtière. Les boulangers du Vaucluse ont conservé ces méthodes jusqu'à un passé récent.

Le pain phœnix fabriqué dans l'Hérault et le Gard ne semble pas différent du viennois. Le temps de fermentation est légèrement plus long (2 h sous forme de poolish, 3 h-3 h 30 de la pétrie au façonnage).

La pâte est molle et peut arriver à un degré de fermentation extrême qui entraînerait l'effondrement, sa couleur devient plus foncée (tire sur le jaune).

Il n'est pas douteux que la baguette que nous connaissons aujourd'hui à un vague lien de parenté avec le pain viennois.

Actuellement, pour remédier à la conservation médiocre du viennois, on y incorpore des matières grasses, lait, sucre, ce qui a notablement changé sa nature (ce n'est pas un exemple isolé d'évolution d'un pain) et ce qui l'amène à cette connotation de pain délicat. Il est même doré à l'œuf et souvent cuit sur plaque.

❖ *Boulangerie Venturelli, 34, rue Porte-de-Mazan. 84200 Carpentras. (90) 63.05.01.*

LE PAIN
CHARLESTON

70   C'est en principe un « fond de four » ou ce qu'il est convenu d'appeler le pain de « rive », cette situation dans le four engendre un fond de chaleur, dont on a dit qu'elle était propice à cuire des grosses pièces.

On le trouve encore aujourd'hui dans l'Hérault et l'Aude.

Il est fait de farine de froment type 80, de pâte fermentée au levain assez ferme ; il lève dans un paneton.

Contrairement au tordu dont la structure crée une contrainte à l'expansion de la pâte, le charleston est d'une part fendu en biais et juste plié et d'autre part retourné à l'envers dans son paneton, ce qui ne lui permet de bien s'ouvrir au four.

C'est un pain qui fait très « province », sa croûte peu farinée est terne (il est cuit sans vapeur). Son poids est normalement de 2 kg.

❖ *M. Forestier (sur commande), 110, avenue Cot, 34600 Bédarieux. (67) 95.10.25.*

❖ *M. Hébrard, 18, rue de la Favrie, 09000 Foix. (61) 65.10.52.*

LE PAIN RAVAILLE

On peut encore trouver cet excellent pain de froment 71
dans l'Ariège. Son nom « ravaille » qui signifie « mal
foutu » en patois indique qu'il s'agit en fait d'un pain
fait de restes de pâte dont la forme est asymétrique. Il
est façonné à gris et peut peser de 300 g à 1 kg. Il
fermente à des températures plutôt froides.

Une seule boulangerie le fabrique encore à Foix.

❖ *M. Hébrard, 18, rue de la Favrie, 09000 Foix. (61)
65.10.52.*

LE PAIN COIFFÉ

Les habitudes et la tradition boulangère des Pyrénées- 72
Orientales et de Catalogne ont donné naissance à un
pain de consommation courante, que l'on retrouve sur
les flancs du Canigou : le « coiffé ».

Il ressemble à un torchon noué par le dessus, ce qui
est très singulier pour un façonnage. Le coiffé est un
pain dont la pâte ferme est fermentée au levain, et dont
la farine de blé est très bise, du type 100-110. Cuit à
four sec, son poids est d'environ 1,500 kg. Sa forme

curieuse s'obtient en un pliage de quatre languettes qui
se trouvent dessous en fermentant sur couche (la
dernière passant sous la première). Une fois cuit, cette
fermeture se trouvant sur le dessus peut s'éclater. Il n'est
ni coupé ni piqué. Il peut être fariné ou brun mat.

❖ *M. Navasquez, 8, rue Condorcet, 66000 Perpignan. (68)
54.24.83.* (Four à bois.)

LE PAIN DE BEAUCAIRE

73   Le siège de cette spécialité est, ou était (car il a pratiquement disparu de la sphère boulangère), le Midi provençal, du Gard à la Côte d'Azur. Il était fait au début du siècle avec des blés de Limagne et, plus tard, des blés d'origine russe.

D'un point de vue gastronomique, le beaucaire présente un intérêt très particulier. Son goût suret est la conséquence d'une culture fermentaire au levain (qui représente 1/4 du poids de la pâte – farine de gruau). Sa croûte blond-grège, mate et épaisse, unique en son genre, est la résultante d'une cuisson à four sans buée et de l'assèchement de la pâte très ferme par la longue exposition à l'air. Sa mie est de teinte bise, conforme à une extraction du type 80-85.

Le bon beaucaire est assez complexe pour justifier quelques explications quant à sa réalisation.

✻ La pétrie dure de 50 minutes à 1 heure, très, très lente dans un pétrin particulier.

✻ On débite des morceaux (à l'eau) de 20 kg (qu'on laisse reposer 20 minutes, opération appelée ébauche).

✻ Ensuite, on apprête ces masses en formes rectangulaires de 2 m × 0,60 m.

✻ Vient ensuite le pliage ; là, deux méthodes sont utilisées :
. le pliage à sec, c'est le plus ancien utilisé à Beaucaire ;
. le pliage à l'eau farinée, avec ou sans sel, appelé « pliage au génie ».

✻ Une fois plié, on dépose la plaque de 2 m × 0,30 m

dans une boîte en bois ou en métal, où l'on a pris soin de déposer de la farine de riz.

❖ *Boulangerie Georges Hugues, 25, rue de la République, 30160 Bessèges. (66) 25.04.08. (A partir du mois de janvier.)*
❖ *Boulangerie Sierra, 7, avenue Carnot, 30100 Alès. (66) 52.17.03. (Sauf le lundi.)*
❖ *Boulangerie Dumas, 84260 Sarrians. (Four de 300 ans chauffé au bois.)*

LE PAIN SCIE

Appelé aussi tierce, il s'agit d'une préparation identique aux pains d'Aix dont la seule différence est la forme puisque la scie est façonnée ronde, puis coupée comme ci-dessous : 74

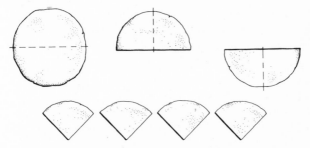

On la trouve dans la région où l'on trouvait le pain d'Aix, Bouches-du-Rhône et vallée du Rhône ; le pain scie que l'on trouvera à Albi n'est pas manipulé à l'eau.

❖ *M. Bouldoire, 81100 Albi. (63) 54.18.48.*

LES PAINS D'AIX

C'est une famille de pains manipulée selon une méthode unique, qui consiste à façonner et surtout à plier les pâtons non pas avec de la farine, comme il est d'usage 75 de le faire, mais avec de l'eau. Les anciens boulangers prétendent que cet usage évite l'échauffement des pâtes. Pour ce faire, les mains sont régulièrement immergées pour éviter l'adhérence à la farine de froment. La pâte, pétrie lentement avec un levain, doit être très souple à la main pour y incorporer un peu d'air.

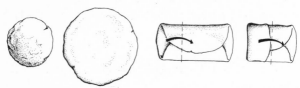

Faire une boule entre deux mains de 500/700 g. Aplatir en forme ronde ; humecter le centre à la main	*Premier pliage en deux*	*Deuxième pliage en deux fois*

Découpe de la pâte pour obtenir la tête d'Aix

Le pain, dans la méthode ancienne, fermente sur des planches sur lesquelles on dépose de la sciure de bois étuvée ou de la poudre de noyaux d'olive. La tête d'Aix est semblable, mais coupée en deux à la râcle. La cuisson s'effectue sans vapeur.

76

❖ *M. Decanis, Route nationale, 13770 Venelle. (42) 57.72.34.*
❖ *M. Jean Richard, 46, rue du Puits-Neuf, 13100 Aix-en-Provence. (42) 23.34.63.*

LE CHARLESTON NIÇOIS

77

Les témoignages que j'ai recueillis ne laissent pas supposer qu'il s'agisse d'une spécialité ancestrale. Le nom de ce pain trahit d'ailleurs sa relative jeunesse ; il est le second à porter un nom de danse (la polka). Les usages de mise en fermentation confortent cette hypothèse. Il a été le plus souvent fermenté à la levure (il peut l'être sur poolish). Son poids, de 800 g à 1 kg autrefois, est actuellement de 300 à 500 g. Le dessin en diagonales régulières est impérativement réalisé à l'aide d'un rouleau en bois. De farine de froment blanche, le dessus est brillant ; il est cuit dans un four embué.

❖ *M. Altare, 3, rue du Petit-Parc, 06000 Nice. (93) 87.67.66.*

LA MICHETTE

Contrairement à ce que son nom pourrait laisser croire, il ne s'agit pas d'une petite miche. La michette est un pain typiquement méridional (Nice, Côte d'Azur), avec peut-être une ascendance italienne.

78

Fait de farine de blé, il devrait être fermenté sur levain. Il est plié à l'eau mélangée d'huile. Sa pâte est ferme ; son poids est de 200-250 g. Sa conception est proche du beaucaire. Il cuit à four grand ouvert, ce qui lui donne une teinte beige mat. Il est généralement utilisé par les boulangers en première fournée pour donner un fond de chaleur et d'humidité à leurs fours.

Sa forme irrégulière en fait un produit original. C'est un pain excellent.

❖ *M. Espugno, 22, rue Vernier, 06000 Nice. (93) 88.83.33.*

LA MAIN DE NICE
ET LE MONTE-DESSUS

L'origine de ce pain est italienne ; c'est ce que l'on a l'habitude d'appeler « un pliage italien ». Il s'agit d'une farine de froment pétrie, tendre et souple, avec un

79

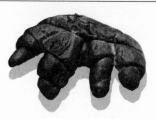

mélange d'eau et d'huile d'arachide (environ 10 %), ce qui donne une mie très fine et une très bonne conservation. Il est cuit dans un four embué. Son poids est de 200 g.

Le monte-dessus est une variante dans le pliage, mais il s'agit du même produit.

❖ *M. Espugno, 22, rue Vernier, 06000 Nice. (93) 88.83.33.*

LA COUPIETTE

80 Tous les boulangers corses ont entendu parler de la coupiette ; elle est présente spécifiquement en Corse (on ne la trouve pas sur le continent). Sa forme, constituée de deux lobes, qui se désolidarisent facilement, suggère une poitrine féminine. C'est impérativement une fermentation lente, sur toile et au levain, à l'exclusion des ferments exogènes (ou ça devrait être). Elle est cuite dans un four sans humidité, c'est ce qui normalement lui donne une couleur très mate. Elle a une croûte épaisse. Sa texture est légèrement dense ; son poids est approximativement de 300 à 700 g. Elle est d'une très bonne conservation et de bonne saveur.

❖ *M. T. Ciosi, lieu-dit Cruciata, 20215 Venzolasca. (95) 36.51.65.*

Guide
technique

Blé

Le blé est la céréale dominante en Europe. Il n'en a pas toujours été ainsi. Longtemps, le seigle a eu la primauté. La bonne réputation du pain français vient, en partie, de ce que c'est en France que le blé a été apprécié et valorisé, avant les autres pays d'Europe.

La céréale fournit la base de l'alimentation de tous les peuples de notre planète. Des ethnologues n'hésitent pas à caractériser les civilisations par la céréale dominante : la civilisation du riz en Chine du Sud et au Japon, la civilisation du maïs en Amérique du Sud, la civilisation du mil en Afrique, la civilisation du blé en Europe et en Amérique. Cette dernière élargit actuellement régulièrement sa sphère d'influence.

Sur la terre, la récolte du blé s'accomplit de façon permanente :

Janvier : Argentine, Nouvelle-Zélande et Australie
Février : Inde, Brésil, Uruguay
Avril : Mexique, Iran, Afrique du Nord
Juin : Californie, Japon
Août : Europe
Septembre : Ecosse, certaines régions d'U.R.S.S.
Octobre : certaines régions d'U.R.S.S.
Novembre : Pérou, Afrique du Sud
Décembre : Abyssinie (le pays où le blé serait apparu pour la première fois)

Depuis le début du siècle, les rendements (quantité récoltée à l'hectare) se sont améliorés. On est passé de 16-18 quintaux à l'hectare en 1900 à 40-60 quintaux à l'hectare de nos jours.

Les manipulations génétiques ont donné naissance à des blés de haut rendement, les « blés fourragers », qui permettent d'atteindre 80 à 100 quintaux à l'hectare. Ces blés sont impanifiables et utilisés pour l'alimentation du bétail. Les blés traités par nos meuniers ne doivent pas présenter de trace de pesticide ou d'insecticide. Sur ces points, je suis intransigeant. La nature de la culture joue, naturellement, un rôle important dans la qualité de la céréale. On parle parfois de « farine sans engrais ». Cela ne signifie rien. La culture sans engrais n'existe que dans des régions totalement primitives. Ce qui est important, c'est de savoir que les engrais sont divisés, en gros, en deux familles :

✳ *les engrais organiques (que l'on appelle naturels), regroupant fumiers, compost, résidus organiques plus ou moins fermentés (trèfles enfouis, etc.) ;*

✳ *les engrais minéraux (fabriqués par l'industrie chimique), regroupant phosphates potassiques, azotés, nitrates. Les engrais minéraux doivent être dosés avec soin, sous peine de mauvais rendements ou de pollution d'eau. Des techniciens préconisent régulièrement le retour à la culture biologique (engrais organiques) qui donne naissance au pain du même nom. Ce qui ne veut pas dire grand-chose : aucun test scientifique ne permet de déduire la nature de l'engrais de l'analyse d'un blé. Le label de « blé biologique » n'est donc qu'une garantie morale, d'ailleurs interdite par le service de la Répression des fraudes.*

Choisir son blé est la première tâche du meunier. Comme pour les cafés, il existe de nombreuses variétés de blé : mélanges et dosages permettent d'éliminer un défaut, de renforcer une qualité. La comparaison avec le café s'arrête là, bien que le spécialiste Arpin, dans un livre de 1927, présente un tableau comparatif des différents blés cultivés en France, avec une notation fondée sur « l'odeur du pain » obtenue.

En France, il existe une centaine de variétés de blé. Huit à dix de ces variétés représentent 75 % du pain consommé.

Du blé, on dit parfois, depuis peu, qu'il est avec le pétrole un facteur de l'équilibre des blocs, qu'il participe aux rapports de forces politiques, etc. Quand ces propos tombent sous mes yeux, je me juge heureux et rassuré de vivre dans un pays qui tire une partie de sa richesse du blé, plutôt que du pétrole !

Farine

J'attache une grande importance à la mise au point de la farine que nous utilisons pour nos miches. Cette mise au point est un travail précis, que facilitent les bons rapports que nous avons avec nos meuniers. En France – heureusement – les boulangers ont une liberté de choix totale (ce n'est pas le cas partout).

Je n'utilise que de la farine broyée à la meule de pierre. Ce procédé consomme beaucoup d'énergie et a un rendement relativement faible. Mais il est à l'origine d'un produit différent, même au toucher : soyeux, un peu gras, très fin. Fraîchement moulue, la farine dégage une odeur agréable de froment et de silex un peu chauffé. Quand la farine est préparée sur cylindre, le produit est moins fin pour le son, et plus granuleux pour les semoules. Les sons issus de meule restent de diamètre faible, la farine adhérente est plus importante.

Sur la meule, la classification des produits (semoules blanches, bises, fines, etc.) est difficile, car la rugosité et les aspérités de la pierre de meule réduisent les sons en particules infimes qui s'incorporent à la farine. Au sortir de la meule, toutes les farines comportent du son (c'est important pour de nombreuses raisons, y compris le transit intestinal qui est accéléré).

D'une façon générale, la meule produit une farine différente. Économiquement, la farine a un passé intéressant. L'État, de

tout temps, est intervenu pour surveiller et régulariser son prix
– donc le prix du pain (la première libération des prix dans
ce domaine est de 1978).

L'intervention de l'État a pris les formes les plus variées
suivant la situation – disette ou abondance.

Subsistent encore, en meunerie, de nombreuses contraintes,
découlant soit des mesures prises en 1935 pour résoudre la
fameuse crise mondiale, soit des mesures imposées par la
pénurie de la guerre 1939-1945 et des premières années qui
suivirent la Libération. La meunerie, non plus, n'échappe pas
à la règle selon laquelle l'économie de pénurie de l'époque a
engendré des dispositions qui, n'étant pas abrogées, coexistent
mal avec les règles s'appliquant à notre époque.

Raconter l'histoire de tous les changements intervenus dans
ce domaine serait long et fastidieux.

Les plus importants :

✻ La création par la loi du 15 août 1936 de l'Office
national interprofessionnel des céréales (O.N.I.C.) dont les
attributions avaient pris, après la Libération, un caractère
abusif (fixation des prix et des taux d'extraction des farines,
échelonnement des livraisons, monopole des importations
et des exportations, etc.), mais qui continue à jouer un rôle
important dans la politique des céréales.

✻ Le contingentement à la production des farines
et l'interdiction de créer de nouveaux moulins.

En période de semi-liberté, et compte tenu surtout de
l'évolution de la production meunière, il est normal que les
gouvernements se préoccupent du marché du blé pour assurer,
sous les meilleures conditions, soit l'importation des quantités
nécessaires à l'approvisionnement, soit, comme actuellement,
l'exportation du surcroît de production. Il est non moins
normal qu'il suive la structure de la meunerie qui assure
l'écoulement de cette production.

C'est pourquoi il me paraît indispensable
de donner quelques chiffres pour faire comprendre
l'évolution considérable en France,
dans ce domaine, depuis un demi-siècle :

Production de blé en France

.*1926 : 63 millions de quintaux*
.*1938 : 98 millions de quintaux*
.*1947 : 32 millions de quintaux*
.*1950 : 73 millions de quintaux*

et pour l'année 1979 une production record de 190 millions de quintaux.

Il suffit de 60 millions de quintaux de farine pour assurer l'approvisionnement des Français. Le surplus doit être exporté. Il convient de remarquer que, malgré le caractère symbolique du pain, le système ininterrompu de taxation jusqu'en 1978 et les multiples tentatives d'abaissement autoritaire du prix du pain n'ont jamais réussi à enrayer la chute de la consommation, puisque, selon moi, la consommation du pain est très liée à sa qualité et aussi (mais pour une moindre part) à l'éventail de plus en plus large des aliments mis à la disposition du public.

Le surplus de la production de blé doit donc être exporté soit sous forme de farine, principalement dans les pays sous-développés, soit sous forme de blé.

Cette obligation a posé d'épineux problèmes. D'abord, il a fallu changer radicalement d'orientation. D'importatrice, la France est devenue largement exportatrice.

Il est extraordinaire de se rappeler que la France importait encore en 1910 24 millions de quintaux de blé et que la meunerie du Sud-Ouest écrasait des quantités importantes de blé d'Ukraine, la Russie intervenant pour 3 millions dans nos 24 millions d'importations en 1910.

La situation s'est retournée. Il est vrai qu'alors le moujik mangeait moins de pain et que le régime des kolkhoses ne fonctionnait pas.

Une autre obligation est qu'il faut vendre au cours du marché international. Cela nécessite, compte tenu de la différence des prix français et mondiaux, une politique onéreuse de subventions, avec toutefois cet avantage non négligeable de fournir des devises à une économie qui en a toujours le besoin.

Un déséquilibre permanent entre l'offre et la demande (diminution de la consommation du pain, alors que se renforçait la puissance d'écrasement des moulins après la guerre de 1914-1918) a conduit les pouvoirs publics à penser que le marché du blé ne pourrait être soutenu qu'en atténuant la concurrence entre les meuniers. D'où la limitation de la capacité d'écrasement de la meunerie et l'interdiction de la création de nouvelles entreprises.

Mais la meunerie française était largement suréquipée en 1935 et ce suréquipement joint aux conditions peu favorables de rentabilité a entraîné une diminution considérable des moulins en exploitation dont le nombre est passé de 8 559 en 1934 à 1 672 le 1ᵉʳ janvier 1978.

La liberté économique est, à mes yeux, infiniment supérieure au dirigisme, mais il faut quand même reconnaître que les vertus de la liberté économique sont surtout sensibles dans les industries aux possibilités d'expansion. Ce n'est malheureusement le cas ni de la meunerie, ni de la boulangerie. Ces deux industries connaissent, par avance, à quelques quintaux près pour l'ensemble du marché national, les quantités annuelles de produits qu'elles auront à traiter. Dans ce marché stable au point de vue quantitatif, toute augmentation de production se traduira par une diminution correspondante. Cet équilibre peut se concevoir dans un marché sain. Le meilleur doit l'emporter, c'est la règle d'or de la concurrence. Il en va tout différemment sur un marché concurrentiel travaillant avec une monnaie qui se déprécie de 10 % par an.

Et pourtant, dans l'ensemble, boulangerie et meunerie se sont maintenues en bonne activité. Leur restriction en nombre n'explique pas tout. La meunerie s'est adjointe des activités annexes, notamment par la fabrication d'aliments pour le bétail et, plus récemment, la fabrication de mix, c'est-à-dire de produit prêt à l'emploi, du genre farine à brioche contenant sucre, lait, œufs en poudre, etc. Inutile de préciser que la qualité ne s'améliore pas avec ce genre d'innovation !

Pétrissage

*Le pétrissage est, grossièrement, l'action d'unir l'eau et la
farine en un mélange homogène, dont la densité, la fermeté
sont laissées à l'initiative et à l'appréciation du boulanger.
C'est une opération délicate et difficile. L'expression « être
dans le pétrin », qui m'a toujours fait rire, est révélatrice des
obstacles qui y sont associés. Ce n'est pas un jeu d'enfant de
réussir à la force des bras un bon mélange entre, disons,
65 kg de farine et 35 litres d'eau !*

*Autrefois, le pétrissage était traditionnellement fait à bras. Il
a été dans certaines régions pratiqué, aussi, au pied, bien que
je n'aie personnellement jamais vu de gravure ou
représentation du pétrissage au pied. J'imagine que cela devait
ressembler au foulage du vin, en plus élaboré.*

*Le père de Louison Bobet, qui était boulanger en Bretagne,
me donna le contenu et la décomposition de la pétrie à bras
telle qu'elle se faisait et telle qu'il la pratiquait au début de
ce siècle. Elle se décomposait en six phases :*

✳ **Le frasage :** *mélange très grossier et général de la pâte.
Il devait être effectué rapidement.*

✳ **Le montage à bout :** *recherche d'une plus grande
homogénéité dans la masse, réalisée avec de grands
mouvements.*

✳ **Le découpage :** *chaque pâton était coupé à la main en masse de 20 kg, et faisait l'objet d'une finition particulière. L'astuce consistait ensuite à déposer les pâtons les uns sur les autres afin que l'effondrement naturel de cette pile, animée d'une sorte de mouvement de gravité, constitue un autopétrissage.*

✳ **Le soufflage :** *ce mouvement très particulier consistait à essayer d'emprisonner de l'air à l'intérieur des pâtons et ainsi les « aérer ».*

✳ **Le pâtonnage :** *à ce stade, la pâte étant déjà pétrie et toujours par pâtons de 20 kg environ, le boulanger assèche les traces d'humidité qui peuvent rester. Il procède par un mouvement de jet de la pâte en hauteur et par l'étirement de la masse du pâton.*

✳ **Le couchage :** *le terme a été emprunté au terme « chambre à coucher ». C'est le temps de repos de la pâte dans le pétrin. On la recouvre même « d'une toile de lin » afin qu'elle ne prenne pas de courant d'air ou pour qu'il ne se forme pas de croûte en surface.*

Une septième opération, qui n'est pas liée au pétrissage lui-même, s'appelle le **bûchage.** *Il s'agit d'une installation particulièrement simple, mais ingénieuse, qui permet d'avoir une idée précise du degré de fermentation de la pâte. On dépose une bûchette (voire un morceau de manche à balai) debout sur la surface de la pâte. Cette bûchette est maintenue dans sa position sur le rebord du pétrin. Lorsque la planchette est soulevée de plus d'un centimètre, c'est que la pâte est bonne à être utilisée.*
Le pétrissage à bras était une opération extrêmement pénible, curieusement, les boulangers y restèrent très attachés. La boulangerie connut à l'égard du pétrin mécanique ce que les soyeux lyonnais connurent en leur temps avec les premiers métiers à tisser. On a pu s'en rendre compte lors de l'arrivée, au début du siècle, des premiers pétrins mécaniques. Cette retombée de notre révolution industrielle qu'est le pétrin a

même fait l'objet, dans la profession, de tensions extrêmes.
M. Lindet, docteur ès sciences, professeur à l'I.N.A., le constate en 1909 : « *Le patron boulanger n'a guère d'avantage, surtout dans les boulangeries urbaines, à adopter le pétrin mécanique qui correspond à l'aliénation d'un capital et à une dépense journalière de force, qui ne lui supprime pas d'ouvriers et qui le condamne à payer pour ceux-ci une prime d'assurance plus élevée, et le menace de passer dans une catégorie de patente plus imposée.* » Bref, économiquement ça ne « passait » pas.

Par ailleurs, l'ouvrier n'était pas plus chaud pour accepter la mécanique. Toujours Lindet : « *... L'ouvrier a été longtemps rebelle à l'idée qu'une mécanique pût se substituer à ses bras qui, à la suite d'un long et pénible apprentissage, ont acquis une habileté professionnelle dont il a le droit d'être fier.* » Et c'est vrai que cette technique, extrêmement élaborée, était révélatrice d'une belle évolution.

Le professeur Lindet rapporte encore, dans la préface de son livre consacré à une étude comparative entre le pétrissage manuel et mécanique, les faits suivants : « *Je conseillais, un jour, à l'un des boulangers, juge du concours qui portait sur les qualités potentielles du pétrissage à bras en comparaison avec la mécanique, d'afficher à la porte de son magasin que le pain vendu était fabriqué à la mécanique.*

Le boulanger : « *Je m'en garderai bien, ma clientèle m'abandonnerait. J'ai fait entrer et installer la nuit le pétrin que j'emploie afin que cela ne se sache pas dans le quartier.* » Un autre boulanger présent à cette conversation confirmait cette impression en disant : « *Sur les conseils de son médecin, un de mes clients m'a quitté parce que le pain à la machine lui causait des douleurs d'estomac !* » Le pétrin mécanique, en tout état de cause, améliorait les dures conditions de travail des boulangers. Un journal, L'Assiette au beurre, avait même consacré à cette époque un numéro spécial à la vie des boulangers. La première image représentait, dans une arrière-boutique, des enfants aux yeux rougis par les pleurs : « *Papa venait juste de prendre sa première grasse matinée de sa vie hier, et il est mort aujourd'hui.* » (L'anecdote est d'une brièveté navrante).

La deuxième image, un peu plus gaie, confrontait deux personnages, un évêque et un boulanger. L'évêque est nettement rondouillard et la face légèrement rosie par les excès alimentaires, et une amorce de congestion se fait sentir derrière sa bonhomie. Le boulanger, un peu voûté, maigre et visiblement fatigué, tient son béret de ses deux mains avec respect, sur le bas du ventre et dit : « Monseigneur, vous êtes mitré et moi mitron, mais il semble que l'on vive plus vieux en faisant le pain spirituel que le pain matériel ! »
Mais, même menacés dans leur santé, les ouvriers tenaient à leur pétrin.

Diderot raconte dans ses Mémoires l'anecdote suivante :
« Attiré par des gémissements sourds, il s'arrêta devant le soupirail d'une cave et regarda pendant longtemps un robuste ouvrier boulanger qui pétrissait une fournée, en laissant à chaque effort s'échapper de sa poitrine ce gémissement plaintif (geindre, du verbe gémir, est le nom que l'on donnait autrefois aux boulangers), faisant tout haut cette réflexion qu'un si rude travail, auquel les forces humaines ne peuvent longtemps suffire, pourrait être accompli par des procédés mécaniques. » Il se vit pris à partie par quelques compagnons de l'ouvrier boulanger ayant entendu la réflexion de l'encyclopédiste, observation qui, dans leur esprit, allait tout simplement dans le sens de les priver de leur moyen d'existence. Ils assaillirent Diderot d'injures et le menacèrent de telle sorte qu'il dut partir promptement.

Le plus curieux des insuccès du pétrin mécanique à se faire accepter en boulangerie, c'est qu'il est connu depuis l'époque romaine. Le monument funéraire du boulanger Vergilius Eurysaces laisse apparaître un bas relief où figure un pétrin mécanique actionné par un cheval ou un âne. Il semble que les boulangeries romaines aient été extrêmement en avance sur leur temps, les boulangers utilisaient des gants et des masques afin d'éviter que la pâte ne fût souillée par la mauvaise haleine et gâtée par la sueur.

On trouve, ensuite, vers le milieu du XVIIIᵉ siècle, des initiatives plus ou moins réussies de pétrin mécanique, (système de vis sans fin, bras reconstitués, bras mécaniques, etc.). Mais ces pétrins n'ont jamais été acceptés par leurs utilisateurs potentiels.

A la fin du XIXᵉ siècle, bien que la preuve fût faite, à l'occasion de démonstrations, que le pain était préparé parfaitement et sans peine, le patron boulanger qui l'utilisait a été généralement obligé d'en abandonner l'usage, par les menaces que lui font les garçons boulangers qui craignent de manquer d'ouvrage.

Un certain monsieur Lambert, boulanger, tient le même langage : « La machine existe dans ma boulangerie mais la crainte de devenir la victime de la prévention des ouvriers m'a forcé à en suspendre l'usage. »

A cette inertie était bien sûr opposé l'argument sanitaire selon lequel la sueur qui ruisselle le long des bras et du corps pour aller se mélanger au pétrin n'a rien d'hygiénique.

Finalement, bien que la corporation ait été très longtemps rétive, le pétrin mécanique finit par s'imposer et, lentement, équipera toutes les boulangeries, pour devenir, non seulement un outil de première nécessité, mais aussi, à mon sens, la seule machine qui soit entrée en boulangerie et dont l'utilisation ait été extrêmement posi tive. Réserves faites sur le pétrin moderne, tournant si vite qu'il déclenche un blanchîment de la pâte par oxygénation. On voit les effets de cette dénaturation jusque dans les campagnes très reculées, avec ce pain très blanc, léger comme du polys tyrène expansé.

Fermentation

La fermentation est un phénomène qui s'accomplit spontanément et inévitablement lorsqu'on mélange une bonne farine et de l'eau, à température favorable.

La fermentation naturelle, sauvage (ou endogène), est appelée fermentation au **levain** ; elle se transmet d'une pâte à une autre en conservant un morceau de l'ancienne que l'on ajoute dans la suivante (à la façon de la présure des yaourts).

A côté de cette méthode, les hommes ont imaginé et mis au point une autre fermentation plus rapide (exogène) qui se réalise en sélectionnant des souches de ferments (saccaromyces) cultivés sur des terrains biologiques que l'on ajoute à la pâte ; c'est la **levure**, utilisée aujourd'hui par les boulangers.

On peut dire qu'il y a deux familles de ferments : « les endogènes », au levain, ou fermentation sauvage, et « les exogènes », à la levure, ou fermentation génétiquement contrôlée.

L'acte de réaliser et de conduire la fermentation est la tâche la plus élevée du métier de boulanger, sa vraie noblesse. C'est l'acte qui donne la vie. Après cet ensemencement, la conduite de l'opération exige une grande dose de connaissance des aléas que peut subir la vie biologique, et ressemble singulièrement au rôle de la mère, pour obtenir un produit proche de la perfection, dans le respect d'un ordre chronologique harmonieux.

Si on en croit la légende, la fermentation du pain fut inventée par hasard : longtemps avant notre ère, sur les bords du Nil, une femme oublia sa pâte avant de la cuire. Quand elle la retrouva, elle avait changé d'aspect : son volume avait *augmenté, elle avait fermenté. Au lieu de jeter ce produit inhabituel, elle décida de la cuire (peut-être par économie) et elle obtint un produit plus léger, meilleur au goût. Le premier pain fermenté était né. Cette légende est confortée par la découverte, dans le limon du Nil, de ferments saccaromyces, la même famille de ferments que ceux qu'on utilise aujourd'hui pour réaliser la levure.*

On sait peu de chose sur le cheminement de la technique de la fermentation à travers le temps et les civilisations. La Bible nous permet de penser que les Hébreux faisaient lever naturellement leur pain puisque un des souvenirs de la traversée du désert est lié à leur incapacité de le faire (pain azyme). Par la suite, l'archéologie nous renseigne mal sur les techniques utilisées par nos ancêtres. Nos premières certitudes sur la fermentation ne remontent pas au-delà du XVIIe siècle. La fermentation ne fait pas que rendre le pain plus léger en créant des trous ; la fermentation (exactement comme pour le vin) donne ses caractéristiques organoleptiques, son odeur, et d'une manière générale sa personnalité au pain. La première indication de la bonne fermentation s'apprécie par le nez. Pour juger de la bonne ou médiocre fermentation, le pain doit avoir une odeur plutôt fruitée, dans le sens « acidulée », et non pas de simple expression du mélange eau-farine. L'odeur peut s'apparenter parfois au parfum de fruit en état de décomposition, ce qui indique une dose massive de levure. Bien que la tendance actuelle n'aille pas dans ce sens pour des raisons d'évidence rentabilité et de rapidité, mon goût personnel incline définitivement dans le sens des fermentations lentes qui confèrent une légère acidité au pain, propre à développer les qualités gustatives des papilles.

C'est aussi cette nature de pain qui exige le plus de « métier », et qui expose le boulanger à des accidents de fermentation issus de la caractéristique « sauvage » de la fermentation au levain (qui peut rendre le pain plat, cela arrive en période d'orage).

Le critère de jugement le plus tangible pour le choix de votre pain est lié à sa fermentation. Il ne doit pas être trop léger, ce qui indique une fermentation rapide, son parfum doit être fruité, ce qui indique une bonne culture.

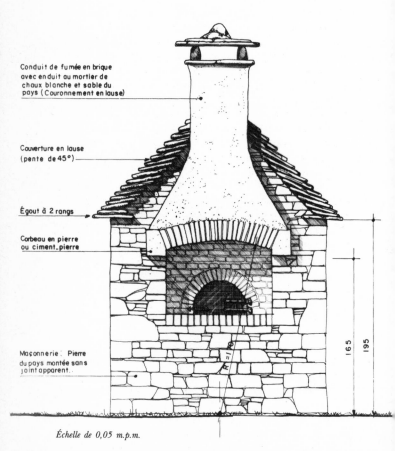

Conduit de fumée en brique
avec enduit au mortier de
chaux blanche et sable du
pays (Couronnement en lause)

Couverture en lause
(pente de 45°)

Égout à 2 rangs

Corbeau en pierre
ou ciment-pierre

Maçonnerie : Pierre
du pays montée sans
joint apparent.

165

195

Échelle de 0,05 m.p.m.

FAÇADE DU CÔTÉ DE L'ENTRÉE

Construction d'un four à pain familial

Le bâtiment ici proposé est destiné à abriter le four
proprement dit, lorsque celui-ci est construit à l'extérieur,
étant entendu que n'importe quel abri existant fera l'affaire, à
condition que l'entrée du four puisse être placée à l'abri des
vents dominants.
La maçonnerie est prévue en briques apparentes,
type « Vaugirard » de 5,5 × 11 × 22 cm,
la couverture en tuile plates 17 × 27 cm.
Seuls les matériaux constituant le four — briques ou tuiles —
sont réfractaires.
Il n'est pas prévu d'emplacement pour stocker le bois ; ce qui
pourra être réalisé en ménageant un emplacement en forme de
voûte sous la sole du four mais représente un surcroît de
travail non négligeable qui ne se justifie que par une
utilisation intensive du four.

Enfin, on peut bien évidemment adapter le bâtiment à chaque
style régional : moellons, enduits, chaux, tuiles canal...,
celui-ci n'étant proposé qu'à titre d'exemple.

LA CONSTRUCTION
DU FOUR ET DE SON ABRI

Délimiter au sol un carré d'environ 2,50 m de côté et creuser jusqu'à une profondeur d'environ 60 cm une tranchée de 50 cm de largeur.

Dans le fond de cette tranchée, épandre une couche de 5 cm de sable sur lequel on coulera 20 cm de mortier de ciment et de gros cailloux, le tout soigneusement pilonné.

Sur cette fondation, et jusqu'à une rangée au-dessus du niveau du sol, monter un mur en brique de 35 cm d'épaisseur (une brique et demie) en prenant soin de croiser les joints.

A ce moment, disposer sur cette première assise au-dessus du sol un lit de mortier contenant une poudre hydrofuge, pour éviter que l'humidité du sol ne remonte dans la maçonnerie par capillarité (cf. coupe).

Monter ensuite 11 assises en disposant alternativement deux briques côte à côte (panneresse) à plat, puis une brique en largeur (boutisse), c'est-à-dire un mur périphérique de 22 cm d'épaisseur, en prenant toujours soin de bien croiser les joints. Remplir l'intérieur de ce volume avec de la terre, tassée au fur et à mesure du remplissage (cf. coupe).

Établir ensuite un treizième rang de briques disposées en une seule largeur (11,5 cm) (cf. figure 1), de manière à réaliser un redan sur lequel sera coulée une dalle (cf. figure 1) de 6 cm d'épaisseur en béton armé d'un treillis métallique.

IMPORTANT :

Isoler la périphérie de cette dalle de la treizième rangée de briques, en interposant avant le coulage du béton une feuille de polystyrène de 2 cm d'épaisseur. Cette feuille sera détruite à la lampe à souder après la prise du béton, afin de ménager une solution de continuité périphérique qui permettra la libre dilatation de la dalle sous l'effet de la chaleur.

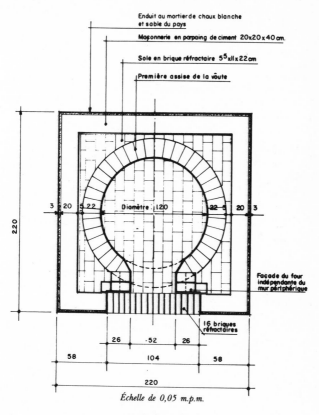

Enduit au mortier de chaux blanche et sable du pays

Maçonnerie en parpaing de ciment 20x20x40 cm.

Sole en brique réfractaire 5⁵xllx22cm

Première assise de la voûte

Diamètre : 120

Façade du four indépendante du mur périphérique

16 briques réfractaires

Échelle de 0,05 m.p.m.

VUE EN PLAN

Monter 2 nouvelles rangées de briques, toujours disposées à plat, sauf 16 briques réfractaires (figures 1 et 2) qui seront disposées sur la tranche, dans l'axe de la porte et dépasseront de 6 cm le parement de la maçonnerie.

Sur la dalle de béton armé, couler une forme en mortier de chaux très peu dosé (un sac pour 5 brouettes de sable).

Cette forme a une épaisseur de 9 cm à l'arrière du four, et de 4 cm à l'avant (figure 1), réalisant ainsi une pente

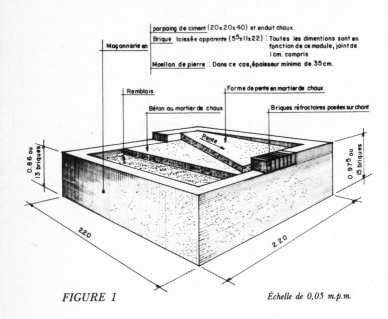

Maçonnerie en

— parpaing de ciment (20x20x40) et enduit chaux.

— Brique laissée apparente (5^5x11x22) : Toutes les dimentions sont en fonction de ce module, joint de 1 cm. compris

— Moellon de pierre : Dans ce cas, épaisseur minima de 35 cm.

Remblais

Forme de pente en mortier de chaux

Béton au mortier de chaux

Briques réfractaires posées sur chant

Pente

0.86 ou 13 briques

0.975 ou 15 briques

220

220

FIGURE 1   *Échelle de 0,05 m.p.m.*

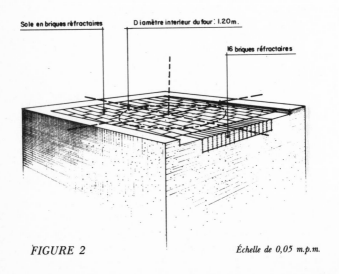

Sole en briques réfractaires

Diamètre intérieur du four : 1.20 m.

16 briques réfractaires

FIGURE 2   *Échelle de 0,05 m.p.m.*

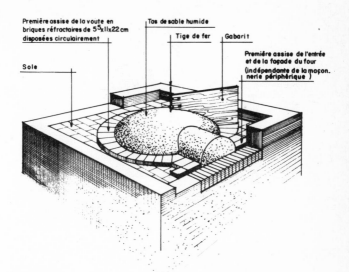

Première assise de la voute en briques réfractaires de 5^5x11x22 cm disposées circulairement

Tas de sable humide

Tige de fer

Gabarit

Première assise de l'entrée et de la façade du four (indépendante de la maçonnerie périphérique)

Sole

FIGURE 3   *Échelle de 0,05 m.p.m.*

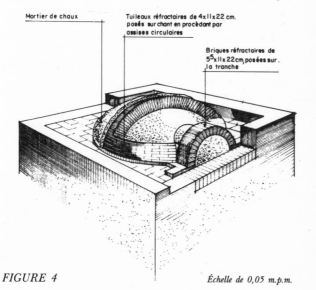

Mortier de chaux

Tuileaux réfractaires de 4x11x22 cm. posés sur chant en procèdant par assises circulaires

Briques réfractaires de 5^5x11x22 cm, posées sur la tranche

FIGURE 4   *Échelle de 0,05 m.p.m.*

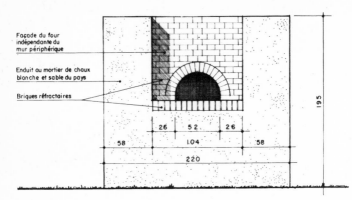

Façade du four
indépendante du
mur périphérique

Enduit au mortier de chaux
blanche et sable du pays

Briques réfractaires

195

26   52   26

58   104   58

220

FAÇADE DU CÔTÉ DE L'ENTRÉE
Échelle de 0,05 m.p.m.

d'environ 5 cm. Comme pour la dalle en béton, réserver
un espace périphérique de 2 cm.
Sur cette forme, disposer la sole du four constituée de briques
réfractaires posées à plat (5,5 cm d'épaisseur) et à joints
décalés (figure 2).
Ces briques sont placées sans joint et sans mortier sur un lit
de sable tamisé de 1 cm d'épaisseur.
Sur la sole, repérer les axes et le centre du four (figure 2 et
plan), puis tracer un cercle de 1,20 m de diamètre
représentant l'intérieur du four. Faire de même pour l'entrée
du four dont le diamètre est de 52 cm.
En suivant ce tracé, disposer à l'extérieur une première assise
en briques réfractaires scellées au mortier de chaux (un sac
pour 3 brouettes de sable).

Pour exécuter la voûte, placer à l'intérieur de la surface ainsi
délimitée un tas de terre argileuse et humide (figure 3) qui
sera façonné à l'aide d'un gabarit réalisé dans une planche
suivant les dimensions du plan.
Enfiler ce gabarit sur une tige fichée au centre du tas de terre
et lui faire faire un tour complet (figure 3). Le profil du
gabarit modèle le tas de terre suivant la forme exacte de
l'intérieur de four.

Modeler ensuite l'entrée du four (voir plan p. 230).

En s'appuyant sur le moule ainsi réalisé, disposer des briques réfractaires (5,5 × 11 × 22) pour réaliser l'entrée du four. Ne pas oublier de ménager un passage pour le conduit de fumée (35 × 22 cm environ), figure 4, que l'on établira ultérieurement au-dessus de cette trémie.

Disposer de même, mais en procédant par assises circulaires, des tuileaux réfractaires de 4 cm d'épaisseur (figure 4) qui constitueront la voûte du four.

Ces tuileaux sont disposés perpendiculairement au moule afin d'obtenir une voûte de 22 cm d'épaisseur, les côtés en contact avec le moule étant jointifs.

L'ensemble, au fur et à mesure de son exécution, est recouvert d'une couche de mortier de chaux (figure 4).

Continuer ensuite la construction des murs périphériques jusqu'à la hauteur souhaitée (coupe).

Après séchage, remplir le volume au-dessus de la voûte avec du sable sans oublier d'établir le départ de la cheminée. Elle

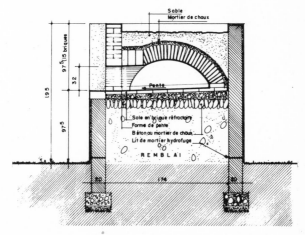

FAÇADE DU CÔTÉ DE L'ENTRÉE, COUPE

Échelle de 0,05 m.p.m.

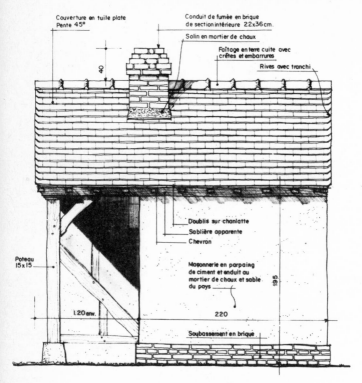

Couverture en tuile plate
Pente 45°

Conduit de fumée en brique
de section intérieure 22x36 cm.

Solin en mortier de chaux

Faîtage en terre cuite avec
crêtes et embarrures

Rives avec tranchi

40

Doublis sur chanlatte

Sablière apparente

Chevron

Poteau
15x15

Maçonnerie en parpaing
de ciment et enduit au
mortier de chaux et sable
du pays

195

1.20 env.

220

Soubassement en brique

FAÇADE LATÉRALE

Échelle de 0,05 m.p.m.

devra avoir au minimum 3 mètres de haut.

Le bâtiment terminé, ôter la terre de l'intérieur du four.
Laisser sécher, porte et cheminée ouvertes, au moins quinze
jours avant d'allumer de petits feux qui achèveront de sécher
complètement les matériaux pendant quinze autres jours.
Pour fermer l'ensemble, disposer à l'entrée une porte en fer de
5 mm d'épaisseur et dans le conduit de fumée un volet, en fer
également, fixé sur un axe sortant sur le côté du bâtiment
pour la manœuvre. Le volet et cet axe doivent être mis en
place au moment de l'exécution de la cheminée.

*DEVIS
QUANTITATIF ET
ESTIMATIF*

*Prix public T.T.C.
– Septembre 1980*

	Q	P.U.	Prix T.T.C.
Parpaings de ciment creux 20 × 20 × 50	238	4,50	1 071,00
Briques réfractaires 5,5 × 11× 22	400	4,90	1 960,00
Briques réfractaires 4 × 11× 22	400	4,90	1 960,00
Sable	3 m³	103,00	309,00
Gravier	1,5 m³	104,54	157,00
Chaux blanche	15 sacs	43,00	655,00
Ciment	4 sacs	27,38	109,52
Sachet de poudre hydrofuge (dose pour 50 kg de ciment) ...	1	5,95	5,95

Temps de construction
par une personne :
168 heures

TOTAL : 6 230 F

(les prix peuvent varier
suivant les régions).

Illustrations

Couverture : Photo Bogdane.
Au dos, peinture de Pat Fogarty.

Table
des matières

Cet ouvrage réalisé d'après la maquette de Dominique Gurdjian,
avec le concours de Sylvie Raulet pour la recherche iconographique,
a été composé par l'Imprimerie Maury à Malesherbes
et imprimé par l'Imprimerie Jean-Lamour à Maxéville
pour les Editions Robert Laffont à Paris.

N° d'éditeur : 35892/R01 - Dépôt légal : décembre 1994
Dépôt légal 1re édition : août 1982
ISBN : 2-221-08030-0